最短の時間で最大の成果を
手に入れる

超効率勉強法

メンタリスト
DaiGo

Gakken

現在の教育界は、昔ながらの非効率な勉強法であふれています。
どれだけ時間をかけても「やったつもり」になるだけで、
真の成果は得られません。
本当に必要なのは、科学に裏づけられた「正しいテクニック」だけを使うこと。
そして一日でも早く、貴重な時間を限界まで有効に使う
「超効率勉強法」に転換することなのです。

メンタリストDaiGo

最短の時間で最大の成果を手に入れる

超効率勉強法

目次

第1章

やってはいけない！ 7つの勉強法

第2章

「超効率勉強法」の基本

第3章

学習効果を激しく高める！

「勉強前」7つのテクニック

第4章

記憶の残り方が変わる!

「勉強後」5つのテクニック

第5章

上級者向け！

勉強の効果をさらに高める7つの学習習慣

第6章

才能の差は、こうして超えろ!

地頭を良くする科学的トレーニング

地頭の土台づくり2

マインドセット

■構成／鈴木 祐
■カバーデザイン／井上新八
■本文デザイン・DTP／斎藤 充（クロロス）
■撮影／干川 修
■スタイリング／松野宗和
■ヘアメイク／永瀬多壱（Vanites）
■イラスト／村山宇希（ぽるか）
■編集協力／清野 直

第1章

やってはいけない！
７つの勉強法

Introduction

「間違った学習システム」から脱却せよ

あなたが学校で教わった勉強法は、9割が間違っています。

こう言ったら、あなたはどう思われるでしょうか？　さすがに言いすぎだろうと思われるでしょうか？

しかし、これはまぎれもない事実。**学校の先生は教えるプロですが、決して学び方のプロではありません。そのため、最新の勉強法を習得し、実践しているケースがとても少ないのです。**

かつてある地方の学校に講演に伺ったとき、私は驚きました。すでに科学的に否定されている勉強法を何の疑問も持たずに教えているばかりか、スマホやタブレットの利用さえ禁じていたからです。

聞けば「生徒の気が散るから」との理由でしたが、電子機器にはそれ以上のメリットがあることは自明でしょう。

勉強に役立つ情報を効率的に取得できるチャンスを否定し、努力が報われない方法で繰り返し教えている。これではいったい何のために勉強しているのかわかりません。

そういえば、私が子どものころにも、「シャーペンではなくエンピツを使え」などと指導する教師がいたものです。もちろん、中には最新の学習理論を教育の現場で使う教師もいたのでしょうが、それはあくまで少数派。時代錯誤な教師が減らないのは、いつの世も同じなのかもしれません。

私が「勉強法の勉強」を始めたのは、このような教師への反抗心がきっかけでした。高校生のころ、ある有名な数学の先生に「なぜロピタルの定理を教えないのですか？」と質問したところ、「学習指導要領に書かれていないから、教えても使えない」の一点ばりで否定されたのです。

「ロピタルの定理」を使えば簡単に極限値を求められるため、一部の計算問題を解くのがとても楽になります。これほど有効な知識を伝えないのは、スマホの時代に黒電話を使うようなものです。

そもそも「学習」とは、偉大な先人たちの教えに自分の思考を重ねていく作業にほかなりません。これだけ自動車が普及した時代に、わざわざ車輪の再発明をする必要などないはずです。

その教師の教え方に失望した私は、「この教師が教えた生徒より良い点数を取る」と決意。その教師の授業は耳せんをしてスルーしつつ、自ら調べた科学的な勉強法を実践し、最終的には学年で成績トップになりました。

そして、**何よりも良かったことは、そうして科学的に効率の良い勉強法を学んだおかげで、それまでより学習が楽しくなった点です。**

効率的勉強法を身につける作業とは、ゲームのルールを学ぶプロセスに近いものがあります。チェスをやるときに駒の動かし方を知らなければ遊びようがありませんが、いったんルールがわかれば具体的な戦略が立てられるようになるでしょう。

これと同じプロセスで勉強法を学べば、「このタイミングで復習をして、次はあの科目に取りかかったほうがいいな……」と合理的な考え方が可能になります。この時点で、つらかったはずの勉強にゲーム性が生まれ、誰から強制されなくとも何かを学びたくてしかたなくなるのです。

その意味では、あの先生にも感謝すべきだったのかもしれません。

このように現在の教育界は、昔ながらの非効率な勉強法であふれています。**そんな手法ばかりを使っていては、どれだけ時間をかけても「やったつもり」になるだけで、真の成果は得られません。**

本当に必要なのは、科学に裏づけられた正しいテクニックだけを使うこと。そして一日でも早く、貴重な時間を限界まで有効に使う「超効率勉強法」に転換することなのです。

科学的に効率が悪い
7つの勉強法

それではまず、正しいテクニックをお伝えする前に、**〝世間で推奨されているが科学的に見ると本当は効率が悪い〟という勉強の事例**を見ておきましょう。果たして「科学的に効率が悪い勉強法」には、どのようなものがあるのでしょうか？

２０１３年、アメリカのケント州立大学が、過去に発表された勉強法に関する論文を集め、本当に効くテクニックを選ぶ作業を行いました。

ここでチェックの対象になった実験データは２００件超。教科書の再読や要約など、日本でもよく使われる定番のテクニックばかりをいくつか抜き出し、それぞれのデータで効果が認められたかを調べています。

その結果、「効率が悪い」と判定された勉強法は７つでした。

■1：ハイライトまたはアンダーライン
■2：語呂合わせ
■3：テキストの要約
■4：テキストの再読
■5：集中学習
■6：自分の学習スタイルに合わせる
■7：忘れる前に復習する

いずれも、多くの学校や予備校で教えられているテクニックばかりです。いったい、これらの定番勉強法のどこに不備があり、なぜ使ってはいけないのでしょうか。これから1つずつ説明していきましょう。

非効率勉強法1

ハイライトまたはアンダーライン

科学的に効率が悪い勉強法の1つ目は、ハイライトまたはアンダーライン。教科書や参考書の大事だと思った部分にマーカーやボールペンで印をつけていく、誰もが一度は使うテクニックです。

ところが心理学者の多くは、ハイライトやアンダーラインを「ただの気休め」と呼んでいます。覚えたいことを脳に刻み込むには、ハイライトやアンダーラインはまったく使えません。

教科書のハイライトを見ると、人間の脳は「これが重要なポイントなのだな」と自動的に判断します。そして、大事なところをチェックした安心感から、心の中にリラックスした感覚が生まれます。

ここまではいいのですが、**問題なのは、ハイライトを引いただけで脳が満足してしまう点です。**この時点では、脳はあくまで「重要な情報」を選別しただけで、「この内容には覚える価値がある」とまでは考えないのです。当然、こうなると勉強の中身は頭に定着してくれません。

さらにハイライトには、特定の情報にだけ意識を集中させるため**「使える知識」として身につかない、というデメリット**もあります。

たとえば、「600年に遣隋使が派遣された」といった情報にマーカーを引いた場合、あなたの脳は、年号と歴史用語にだけ注意を向けます。しかし、ここで本当に大事なのは、当時の日本がどのような環境にあり、なぜ遣隋使を送る理由があったのかを大きな流れとしてつかむことでしょう。

にもかかわらず、脳の注意はハイライトにだけ向かうため、情報の全体像をつかみにくくなります。そして必然的に、丸暗記重視の客観問題は対応できても、応用問題になるとまるっきり役に立たない知識ばかりが頭に残ってしまう訳です。

非効率勉強法2 語呂合わせ

2つ目は「語呂合わせ」です。

2の平方根を「ひとよひとよに ひとみごろ」と覚えたり、1868年の明治維新を「ひとつやろうや明治維新」ともじってみたりと、誰もが一度ならず使った経験があるでしょう。語呂合わせに特化した参考書も多く出されています。

事実、このテクニックには記憶に残りやすいメリットがあり、試験でもそれなりに役に立ちます。化学の授業で慣れ親しんだ元素の周期表でも「水兵リーベ僕の船……」などと語呂合わせのフレーズがいったん頭に刻み込まれれば、完璧に忘れ去ることは逆に難しいでしょう。

しかし、**これは「記憶術」としてのメリットにすぎず、「勉強法」として知識を活用可能な形で身につける観点からは、ほとんど役に立ちません。**

確かに、元素の問題が出たとしても、「水兵リーベ僕の船……」と1つずつ確認していけば、いつかは答えにたどりつくはずです。

しかし、この方法を使っても、たとえば周期表のタテとヨコの列にどのような意味があるかまではわかりません。「1族の元素にはどのような特徴があるのか?」などと問われたら「水兵リーベ」では歯が立たないのです。

周期表とは、「リチウムにはこのような族が近くて価電子の数は……」といったように、元素同士の関わり合いを示したものです。

語呂合わせでは「元素の順番」以外の情報が抜け落ちるため、深い理解には結びつかず、最後には使えない記憶になってしまいます。

以前の試験なら、こうした丸暗記重視の勉強法でもなんとか結果は出せていたかもしれません。しかし現在、単なる知識の有無だけを問われる試験は減りつつあります。語呂合わせばかり使っていると、その場しのぎの情報しか身につかず、本番のテストに対応できない可能性がとても高くなるでしょう。

ビジネスや日常生活でも同じです。

私たちが解かねばならない日々の問題の背景には、必ず多様な文脈が存在します。**目の前の問題を単純に処理するだけでなく、なぜその問題が起こったのか、どんな現象と結びついているのかなどを把握しておかないと、その問題の根本的な解決は望めません。**

買い物リストや短期的なタスクを記憶するなら語呂合わせも有効ですが、周辺の文脈ごと理解しなければ役立つ知識にはなり得ないのです。

非効率勉強法3

テキストの要約

3つ目は「テキストの要約」です。

歴史の流れをノートの1ページにまとめてみたり、数学の方程式だけを抜き出して並べてみたりと、これもまた学校や予備校でよく使われる手法です。あまりに定番すぎて、「使ってはいけない」と言われても納得しづらいかもしれません。

しかし実は、**要約という行為には「難易度が高い」という問題点があります。**

具体的に言うと、上手な要約を行うためには次の点を満たさねばなりません。

- **情報の全体的な流れを理解する**
- **テキストの重要なところをつかむ**
- **要点を1つの短い情報に再構成する**

ともすれば先生たちは「要約してごらん」と気軽に言いますが、その作業のバックグラウンドでは大量の情報処理が行われ、私たちの脳に負荷を与えています。これは決して簡単な作業ではありません。教育学の第一人者であるジョン・ダンロスキー博士などは、「うまく要約をするためには大学生でさえも長時間のトレーニングを行わねばならない」と言い切っているほどです。

言い換えれば、要約が得意な人の頭の中には、最初の段階から適切な情報が整然と入力されている可能性が大。すなわち、**要約がうまい人ほど要約は不要**なのです。「キーワードを抜き出してノートを取ろう」といった指導を行う学校も多いですが、いくらキーワードを羅列してみても、情報の全体的な流れを理解していなければ要約はできません。

もしかしたらその先生の指導は、学生の脳にいたずらに負担をかけていただけだったのかもしれません。ですから**効率的な勉強をするうえで、要約は成功率が低く、大きなエネルギーのロスを引き起こす勉強法と言わざるを得ません。**

もっとも、要約にはちょっとしたコツが存在し、ある条件を満たせば有効な勉強法になり得ます。第2章でくわしく説明しましょう。

非効率勉強法4

テキストの再読

4つ目は「テキストの再読」。これも、やってはいけない勉強法です。

ご存じのとおり、1つの教科書や参考書を何度も読み返すテクニックのことで、中には「1日30分ずつテキストを読み流すだけで知識がスラスラと頭に入る」と言い切る指導書まで存在します。

こうして再読をくり返せば自然と勉強時間も長くなるため、いかにも効果が高そうな印象を持つかもしれません。ところが実際に実験して、テキストの再読に効果が認められた例はありません。**何もしないよりはましですが、そこにかけた時間に見合うだけの成果が得られない**というのが現実なのです。

再読の効率が悪い理由は、**勉強法として「受け身」だから**です。

何度もテキストを読めば、確かに情報に接する量は増え、いかにも勉強をしたような気分は得られます。しかし、ただテキストを読み返すだけでは、「この解法は前に別の参考書で見たやつと違うな……」や「なんで皇太子の暗殺が世界を巻き込む戦争に発展したの？」

といった疑問を持てません。

そもそも人間の脳は、興味を持てないような情報は、うまく取り込めないようにつくられています。ボーッと本を読んでいたら、ページ数だけは先に進んだものの内容がまったく頭に残らなかったというような体験がある人も少なくないでしょう。

この現象をふせぐには、**目の前のテキストに対して、つねに疑問を持ち続ける必要**があります。たとえば、「1543年に種子島へポルトガル人が漂着し……」といった無味乾燥なテキストを読み始めて、すぐに勉強のモチベーションが上がる人は少ないでしょう。これは、文章への接し方が受け身だからです。

一方で、このテキストを「日本に最初に来たヨーロッパ人はどこの国の人ですか？」とクイズ的な疑問形に変えれば、思わず答えを考えてしまうでしょう。受け身の要素が減ったせいで、脳が情報への興味を取り戻したからです。

あなたがもし自分の勉強法に疑問を持ったなら、試しに**「このテクニックは受け身じゃないか？」**と考えてみてください。それだけでも、使える学習と使えない学習を見分ける手がかりになります。

非効率勉強法5

集中学習

5つ目は、「集中学習」です。

これは、数時間のまとまった時間を取って、1つの科目や単元だけを徹底して学ぶ手法のこと。現在完了形を身につけたいなら現在完了形だけを、ベクトルを理解したいならベクトルだけを通しでやっていくテクニックで、一部の予備校などでも採用されているケースを見かけます。

しかし、これまた勉強法としては効率が悪いと言わざるを得ず、**集中して知識を詰め込んでも定着率は低く、1週間もすれば大半の情報を忘れ去ってしまう事実が多数のデータで明らかになっています。**せっかくがんばったのに、これでは意味がありません。

なぜ集中学習は効果がないのでしょうか?

ここ数年の研究により、人間の脳は、状況に応じて2つのモードを切り替えていることがわかってきました。

- **集中モード……目の前の情報に注意深く意識が向いている状態**
- **緩和モード……リラックスして思考がさまよっている状態**

言うまでもなく、集中学習で使われるのは「集中モード」です。このとき、あなたの頭は分析に物事を考える力がオンになり、目の前の情報を理解すべくフル回転しています。

ただし、**「集中モード」だけで真の知識は身につきません。**

集中モードを使えば、たとえば「漸化式の解き方とは？」のように特定の情報への理解は進みます。しかし、そのままモードを切り替えないと、「漸化式を関数方程式に使うには？」といった知識の展開まではサポートできないからです。「This is a pen.」という文章は読めても、この知識をネイティブとの会話に活かせないようなイメージです。

ここで必要になるのが「緩和モード」です。このモードでは、英語や数学などのジャンルを超えて思考がさまよい出すため、頭の中でさまざまな情報が結びつき、新たな発想を生み出します。

いくら考えても答えが出なかった問題が、シャワー中にいきなり解き方を思いついた、というような経験を持つ人も多いでしょう。このような現象は、シャワーのおかげで体がリラックスし、脳内にあった別々の情報が結びついたせいで起きます。

使える知識を身につけるためには適度な休憩が必須。集中モードだけで勉強を続けては、応用問題への対応力が身につきません。

緩和モードを引き出す正しい休憩法は、第4章でくわしく説明します。

非効率勉強法6 自分の学習スタイルに合わせる

ここでいう「学習スタイル」とは、個人の好みや持ち前の能力によって、勉強のやり方を変えていく方法のことです。

文字を読むのが得意なら読書を中心に学び、音声学習が好きならオーディオブックを使うといったように、自分が好きなスタイルの勉強法を選びます。直感的に正しそうに感じられるため、アメリカやヨーロッパで根強い人気を誇る学習法です。

最近では日本でも取り入れられるケースが増えてきたようですが、実際には、これほど多くのデータで否定されてきた勉強法はほかにありません。近年でもインディアナ大学が数百万人のデータ検証を行い、**「自分が好きなスタイルで勉強をしてみてもテストの成績はまったく向上しなかった」**と報告しています。

そのかわり、成績が良い学生たちには、〝ある特定の勉強法〟を使う傾向が一貫して確認されました。優秀な学生ほどムダな勉強法にはまどわされず、たった1つの原理にもとづいて学習していたのです。

その勉強法の正体は第2章で明らかにしますが、いずれにせよ自分が好きなスタイルで学習するのは愚策。**本当に効く勉強法には、個人差などないのです。**

非効率勉強法7 忘れる前に学習する

「復習」は学習の王道です。

1回の勉強で情報が頭に入るはずはなく、飽きるほど復習をくり返さないと、使える知識は脳に刻み込まれません。これは過去の心理実験で何度も証明されてきた事実であり、今後もくつがえることはないでしょう。

ただし、**いまだ多くの人が勘違いしているのが、復習のタイミングです。**

子どものころ、教師から「今日やったことは忘れないうちに復習するように」と指導されたことはないでしょうか？　正論のように聞こえてしまうかもしれませんが、これまた科学的にはすでに否定されたアドバイスです。

アメリカで行われたある実験では、復習のタイミングをさまざまなパターンに分け、どのようなペースでおさらいするのがベストなのかを確かめました。結果は、おおよそ以下のとおりです。

- **勉強の内容を忘れないうちに復習した生徒は、学期末の成績がもっとも悪かった**
- **テストの成績が良かったのは、学んだことを〝忘れかけた時点〟で復習した生徒だった**

「忘れないうちに復習する」というアドバイスは完全に間違いで、本当は**「忘れたころに復習する」が正解**だったのです。

このような現象が起きるのは、記憶のメカニズムに原因があります。

私たちの脳は、進化の過程において、できるだけムダなエネルギーを使わないように発達してきました。締め切りが迫らないと仕事をする気になれなかったり、なかなか運動の習慣が身につかなかったりするのは、脳がラクをしたがっているからです。

そのため、忘れないうちに復習を行うと、脳は次のように考え始めます。

「すでに知っている情報だから記憶しなくてもいいな……」

結果として、せっかくの復習は頭に残らず、無意味に時間を使っただけになってしまうのです。

一方で忘れたころに復習した場合、脳のリアクションはこうなります。

「わざわざ思い出そうとしてるということは、この情報は大事なものに違いない。ちゃんと記憶しておこう！」

思い出す作業が脳に刺激を与え、記憶の定着に結びついていく訳です。とても大事な点なので、必ず覚えておいてください。

ここまで、科学的に効率が悪い勉強法を見てきました。

ひょっとしたら、自分がしてきた勉強法の間違いに気づいて、モチベーションが下がった方もいるかもしれません。

しかし、安心してください。科学の世界では、本当に効く勉強法がすでに見つかっています。

重要なポイントさえ押さえてしまえば、もはや「いくら勉強しても成果が出ないのは、自分の頭が悪いからだ」などと悩む必要もありません。学習のメカニズムを理解すれば、誰でも短い時間で大きな成果を出せるようになります。

科学的な勉強法は、万人に開かれた窓なのです。

第2章

「超効率勉強法」の基本

Introduction

使える勉強法に共通する「たった1つのポイント」とは？

世の中には、さまざまな勉強法が存在します。

イメージを使って覚える。1冊の参考書を何回もやる。テキストを音読する。

そのいずれにも熱心な支持者がいるため、私たちがあまたの勉強法の中から「使える勉強法」を選び取ることはとても難しい作業です。

が、真に効果が高い「使える勉強法」には、共通して〝1つの特徴〟があります。すぐれた映画や小説のストーリーの根本的な要素が似ているのと同じように、一見バラバラな勉強法も、実際は同じ要素のバリエーションにすぎないのです。

その唯一のポイントとは、果たして何でしょうか？

結論から言えば、答えは**「アクティブラーニング」**です。

これは、名前が示すとおり、積極的（アクティブ）に学習（ラーニング）に取り組んでいく手法のこと。**授業を聞きながらノートを取るような受け身の姿勢ではなく、進んで頭を使いながら学ぶ**、これがアクティブラーニングの定義です。

数十年におよぶデータの蓄積があるテクニックであり、多くの実証データでも「効果が高い勉強法はアクティブラーニングの要素をふくむ」との結論が出ています。

当たり前のように思われた人は多いでしょう。

アクティブラーニングといえば、学校や会社の研修にもたびたび登場する耳慣れた名称のメソッドです。

消極的な態度で学ぶよりも、積極的に取り組んだほうが成果が出やすいことは誰にでもわかる話。講師から「いま勉強した内容を隣の人と教え合ってみましょう！」などと言われ、嫌々ながら従った経験を持つ人も多いのではないでしょうか？

しかし、**本書で提唱する方法は、「アウトプットを大事に」や「ディスカッションで理解を深めよう」といったレベルのアドバイスではありません。**

現在のアクティブラーニングは、授業やレクチャーの限られた時間で使われるケースがほとんど。それも参加者に能動的な意識がないまま行われるため、効果はとても限られてしまいます。

そこで強くおすすめしたいのが、**「アクティブすぎるほどのアクティブラーニング化」**です。

授業のための予習、定期的なテスト、自宅で行う復習、趣味の漫画やゲーム、寝る前のリラックス時間……。

単に授業やレクチャーの間だけでなく、日常のあらゆる状況をアクティブラーニングの実践の場に変えていくのです。

果たして、「アクティブすぎるほどのアクティブラーニング化」とはいかなるものか？

その理解を深めていただくために、まずは私の個人的な実践例をお伝えしましょう。

DaiGo式・2つのアクティブラーニング

私の学力を激しくアップさせた「青チャートバラバラ勉強法」とは？

私が「アクティブすぎるほどのアクティブラーニング化」を実践し始めたのは、大学受験のころからです。

「青チャート」をご存じでしょうか？　青い表紙で有名な数学の参考書で、いまも受験生から支持が厚い一冊です。

この本を使う場合、たいていは最初のページから基本例題を解いていくのが常識でしょう。私のまわりでも、1ページから順に進める受験生が大半でした。

しかし、それでは飽きが来て、前半のブロックだけで息切れしやすいのが事実。歴史の勉強でも、江戸時代ぐらいまでやったところでモチベーションが下がり、大事な近現代史がおろそかになってしまうケースはよくあります。

そこで私は、次のように学習を進めました。

まずはすべての例題をさらっと見て、「こんな公式があるんだな」という概要をボンヤリと頭に入れます。

この時点では暗記が目的ではないので、あくまで軽く見るだけにしておくのがポイント。手始めにいったん最後まで読み通しておけば、参考書のボリュームに圧倒されずにすみます。

だいたい1週間ですべてを読み終えた後、ここから私は、誰もやっていない方法でアクティブラーニング化に取り組みました。青チャートを高校の用務員室に持っていき、「ページごとにバラバラになるように裁断してください」と頼んだのです。

さらに、**1ページずつの紙になった青チャートを混ぜ合わせ、ページの順番をバラバラにしたところで準備は完了。**解説の順番は完全にデタラメになり、二次関数のページをめくったら次はいきなり行列が現れ、その次にはベクトル、そして三次関数……と、脈絡なしに出てきます。これを毎日のように学校に持って行き、ひたすら教室で解いていました。

青チャートバラバラ勉強法

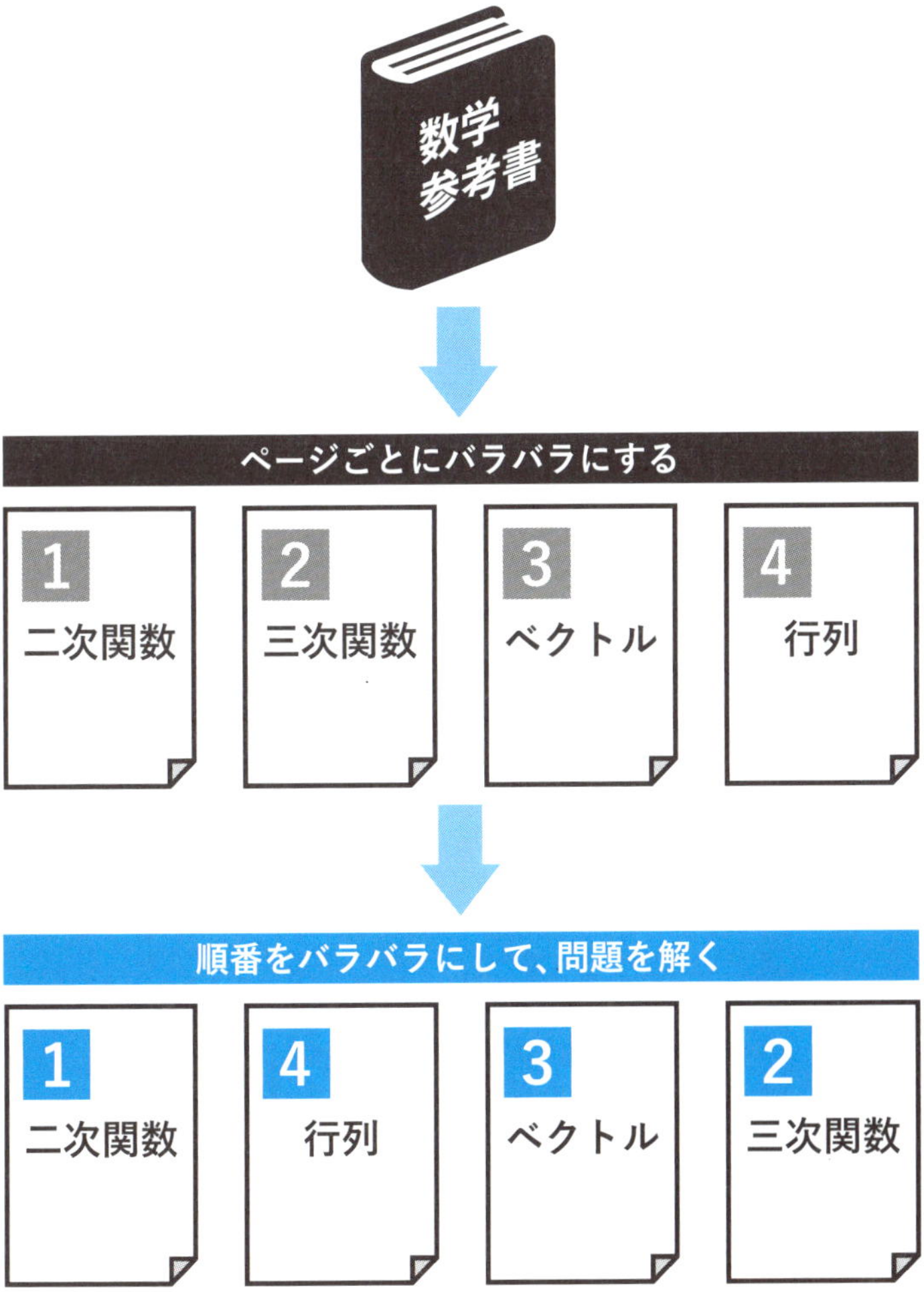

まさにカオス、脳の中は混乱状態です。

「青チャートバラバラ勉強法」で得た3つのメリット

一見、ムチャクチャな勉強法に思えるかもしれませんが、現実にはいくつものメリットを実感できました。

第一に、応用問題に強くなりました。いろいろなタイプの問題にランダムに取り組んだおかげで解法の幅が広がったからです。

勉強の成果をテストで活かすには、いくつもの解法を組み合わせて使う能力が欠かせません。とくに難関校の問題ほど複数ジャンルの解法を求められるケースが多く、二次関数の問題と見せかけておいて、本当はベクトルの知識が必要だったというケースもよくあります。

普通に1ページ目から参考書を勉強していると、このような応用問題への対応力が低くなります。ベクトルの章では脳の意識がベクトルの解法にだけ向かい、三次関数の章では三次関数にだけしか意識が向かないため、1つの解法が他の解法と結びつかず、応用が利きづらい頭になるからです。

第二のメリットとしては、試験に強くなりました。

現実のテストでは、参考書の順番どおりに問題が出るはずはなく、三次関数の後に予想もしない行列の問題が出されるのはよくあること。何の心構えもないとパニックにおちいり、本来の能力が発揮できなくなりがちです。

その一方、私のやり方では三次関数の後にベクトルが出てくるようなカオス状態にも慣れてしまうため、ちょっとやそっと予想が外れたぐらいではビクともしません。これは、自分でも想像していなかったメリットでした。

第三に、もっとも大きかったのが「勉強に飽きなくなる」というメリットです。

当たり前ですが、勉強の最大の敵は「飽き」です。どんなに良い勉強法を使おうが、長く続けられなくては実力は身につきません。

世の中に勉強が続かない人が多い理由は、「先の予測がつきやすい勉強法」を実践しているためです。

参考書を順に読み進めて、もしベクトルの章に入ったら、あなたの脳は自然と「この後、ずっとベクトルが続くんだろうな……」と予測を立て、そこから新たな刺激を得られなくなります。これが飽きにつながるのです。

しかし、映画やドラマだったらどうでしょう？

質が高い作品は、つねに「次にどうなるのだろう」という興味をかき立て、受け手の好奇心を刺激し続けます。と同時に、視聴者自らがストーリー展開の予測もするため、自然とアクティブラーニングに近い状態が生まれ、私たちの頭には映画やドラマの記憶が強く刻み込まれていきます。

私が使った勉強法も、原理は同じです。**取り組むべき内容を短時間でころころと切り替えたせいで、ひたすら同じジャンルの勉強を続けるよりも興味が長持ちし、飽きずに学習が続けられた**という訳です。

アクティブラーニング化の2大ポイント

もちろん、私のテクニックは極端すぎますし、皆さんにも同じ方法をおすすめしている訳ではありません。あくまで「アクティブすぎるほどのアクティブラーニング化」の一例として、個人的な体験をお伝えしただけです。

そこで、ここからは「アクティブラーニング」を、もっとシンプルに実践する方法を見ていきましょう。各機関の数十年におよぶ研究データをまとめると、勉強をアクティブラーニング化する方法は、大きく次の2つに分かれます。

1. 想起

2. 再言語化

1つ目の「想起」は、簡単に言えば**「思い出すこと」**です。31ページでも述べたとおり、人間の脳がもっとも活性化し、頭に情報を刻み込むのに最適な時期は、思い出す作業をした直後になります。

「模試は何度でも受けなさい」のようなアドバイスをよく耳にしますが、これは科学的にも大正解で、単に試験に慣れるだけではなく、必要な情報を思い出そうとがんばるほど脳は良い方向に強化されます。問題集を解きながら「あれ？　ここで使うべき公式は何だっけ？」と思うたびに、あなたの脳内ではニューロンが組み替わり、学習に適した状態に変わっていくのです。

想起こそはアクティブラーニングの一番大きな柱であり、その重要性は、いくら強調しても足りません。**自分の勉強法を見直すときは、「思い出す作業をどこかに組み込めないか？」と考えてみてください。**

2つ目に大事なのは「再言語化」です。こちらも簡単に言い換えると**「自分の言葉に置き換えること」**となります。

たとえば、英語の「on」という前置詞の使い方を考えてみましょう。

ここでもっとも良くないのは、「onは…の上に、…に、…に面して」など、辞書的な用法をそのまま覚えるパターンです。これではまったく応用が利かず、「on your honor」などのフレーズを目にした場合に、「なんで『名誉』にonを使うんだろう……」といった疑問が生まれてしまいます。

次に良くないのが、「on the desk」や「on Monday」といったフレーズをそのまま丸暗記するケースです。こちらも、「He's on drugs」などの特殊な用法を目にしたら、頭が固まってしまうでしょう。

しかし、ここで「onとは、具体的な物だけに限らずに、とにかく何かに接触していることだ」などと、自分の言葉で表現してみたらどうでしょうか？　もちろん、これでも「on」を完璧に使いこなすのは難しいでしょうが、少なくとも例文の丸暗記よりは理解しやすくなったはずです。

要するに**「再言語化」とは、何かを記憶するよりも、何かを理解するときに大事なポイント**です。難しい数学の概念や完了形の意味のように、簡単に意味をつかめない情報を処理したいときには「再言語化」が欠かせません。

もし理解できないテキストに出会ったら、「わかりやすく言い換えるとどうなるだろう？」と考えてみるのが、アクティブラーニングの基本なのです。

「再言語化」については84ページからわかりやすくご説明します。まずは次ページから、「想起」についてスタートしましょう。

DaiGo式・アクティブラーニング1

想起

「想起」を使いこなす3つのテクニック

いよいよアクティブラーニングの実践編です。まずは、学習においてもっとも大事な「想起」を使いこなすための具体例を見ていきましょう。

先に言っておきますが、ここからの「想起」「再言語化」が本書における最大の山場。日常のあらゆる場面でアクティブラーニングを行う方法を紹介するため、いきおい情報量も多くなります。

しかし、すべてのテクニックを使いこなす必要はなく、どれか1つを試すだけでも勉強の効率は確実に上がります。まずはざっと読み通して、少し気になるものから日常に取り入れてみてください。

想起テク1
クイズ化

頭の中で記憶をミニテスト化

最初のテクニックは「クイズ化」。覚えたい情報をクイズにして、自分の記憶度をテストしてみる方法のことです。

単語カード、テキスト暗唱、模擬テスト、問題集。

これらのテクニックは、クイズ化の代表例です。「意識して情報を思い出す」要素がふくまれていれば、それはすべてクイズ化になります。

心理学の世界では「検索練習」とも呼ばれる手法で、過去の研究によれば単なるテキストの再読とくらべて、およそ50〜70％も記憶の定着率が上がることがわかっています。その効果の高さは疑いようがないでしょう。

ミニテスト化

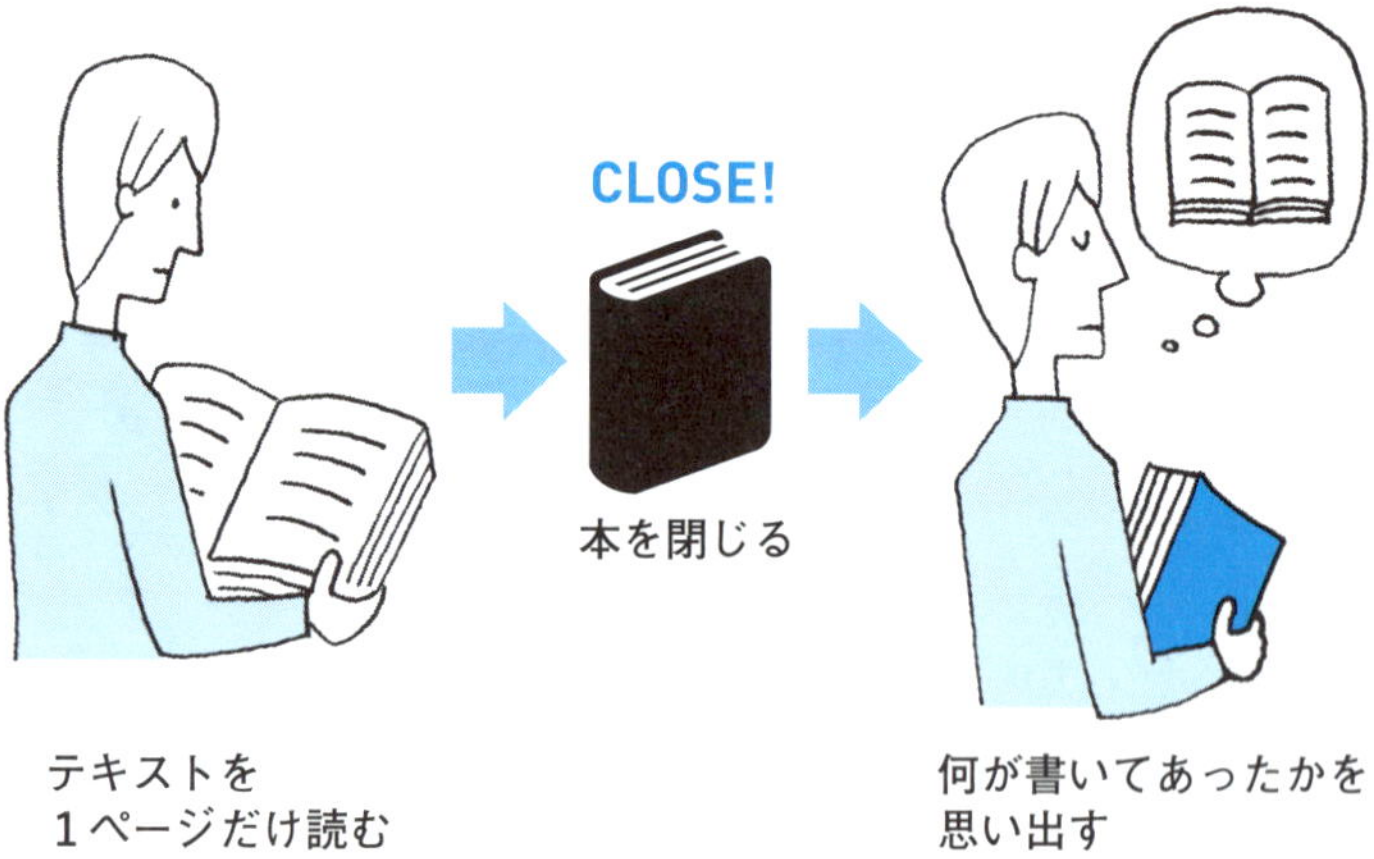

といっても、いまさら「問題集をやろう」などと、当たり前のことを言いたい訳ではありません。本書で提案したいのは、「すべての勉強をクイズにできないか？」という考え方です。

たとえば私が本を読むときは、こんなクイズ化を行います。

1. テキストを1ページ読んだら、いったん本を閉じる

2. いま読んだばかりのページに何が書いてあったかを思い出す

ここで思い出すのは、おもに自分が興味をひかれた箇所です。「このページのポイントはこれで、説明の仕方が独特でおもしろかったな……」などと、頭の中で記憶をチェックする訳です。読むたびにミニテストを行うイメージですね。

「読んだばかりのページならすぐ思い出せるのでは？」と思われるかもしれませんが、実際にやってみるととんでもない。私たちの記憶力はとてもあいまいなので、どこかで「想起」のステップをはさまないと、数秒前に目にした情報すらまともに思い出せなくなってしまいます。

もちろん、1ページごとのクイズ化は時間がかかるため、慣れてきたら「1つの大見出しごとに思い出す」や「ワンセクションを読むごとに思い出す」といったアレンジを加えています。それだけでも、普通にテキストを読み流すよりは、確実に学習効率がアップするのです。

皆さんがこのテクニックを使う場合は、**基礎的なテキストを読むときほど、細かいクイズ化を心がけてください。**基本的に「想起」の回数が多いほど記憶に残りやすいため、受験生なら学校で使う教科書、ビジネスパーソンの資格取得なら公式テキストなどの文献を読み込むときなどに、1ページごとのクイズ化が大きな効果を発揮します。

ノートを取るときもクイズ化を使う

同様のテクニックは、ノートを取るときにも使えます。

1．テキストを読んで「ここをまとめたい」と思ったら、いったん本を閉じる
2．まとめたい内容を思い出しながらノートに書き出す

テキストを見ながらノートを取っても、脳に情報は定着しません。読み取った情報を頭の中で思い出しつつ、「金属には3つ特徴があったはずだよな……。1つは伝導性で……」などと考えながら書き出すのが重要なポイントです。

ちなみに私の場合、近ごろは音声認識でノートを取るようになりました。読書中に大事なポイントが見つかったら、いったん本を閉じてiPhoneのボイスメモを起動。「ハイエクの『隷従への道』を理解するための3つのポイントは……」といった感じで、端末に吹き込んでいます。

クイズ化ノート術

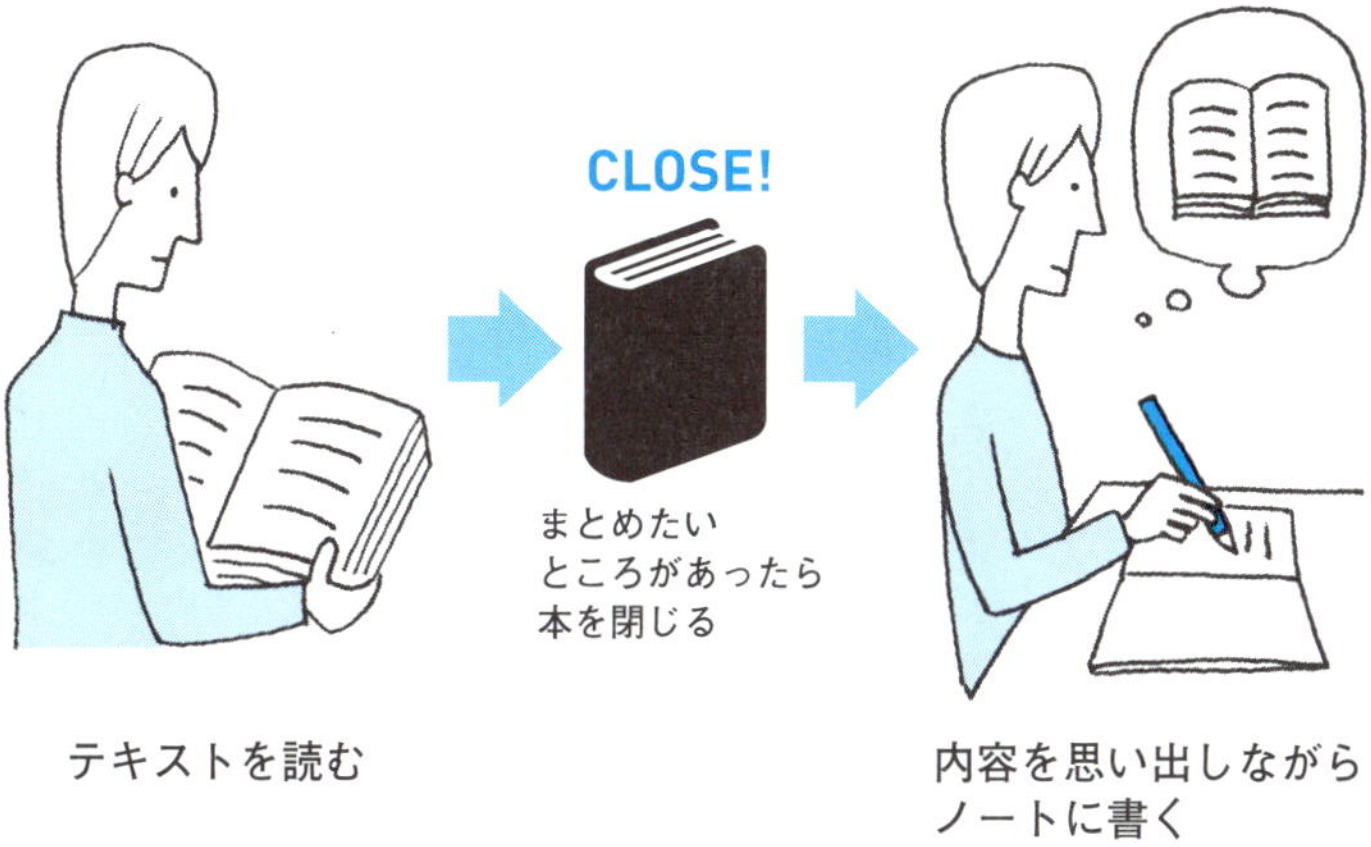
CLOSE!
まとめたい
ところがあったら
本を閉じる
テキストを読む
内容を思い出しながら
ノートに書く

音声を使うメリットは、クイズ化に加えて短期記憶も刺激できる点です。音読のメリットは昔からよく知られるところですが、実際に自分でテキストを読み上げたほうが、文章に書き出すより頭に入りやすくなります。

音読のおかげで、口、耳、目といった器官がまとまって活動し、脳への刺激が増えるからです。

これは、専門的に「マルチモーダル」と呼ばれる状態で、くわしくは、第5章からお伝えしていきます。

テストは毎日のように行うべき

「テスト」も代表的なクイズ化の例です。学校の定期テストに苦手意識をお持ちの方も多いかもしれませんが、本当に効く勉強法の観点から見れば、これほど優れたテクニックはありません。

ただし、学校のテストがマズいのは、あまりにも頻度が少なすぎるところです。中間・期末のテストに抜き打ちテストを加えても、1つの学期内で行われる回数は7〜8回がせいぜいでしょう。ビジネスパーソンの資格試験や趣味の学習だったら、テストを受ける機会はさらに少ないはずです。

科学的にはテストは最強の勉強法の1つなのに、1学期に7〜8回ぐらいでは意味がありません。**本当に学習の成果をあげたいなら、テストは毎日のように行うべきなのです。**

テストを日常化させるには、お気に入りの問題集や過去問をやり込むのが一般的でしょう。もちろん、それだけでもちゃんと効果は得られます。

けれども、私が本書でオススメしたいのは、「自分でテストの問題を作る」というやり方

自分でテストの問題を作る

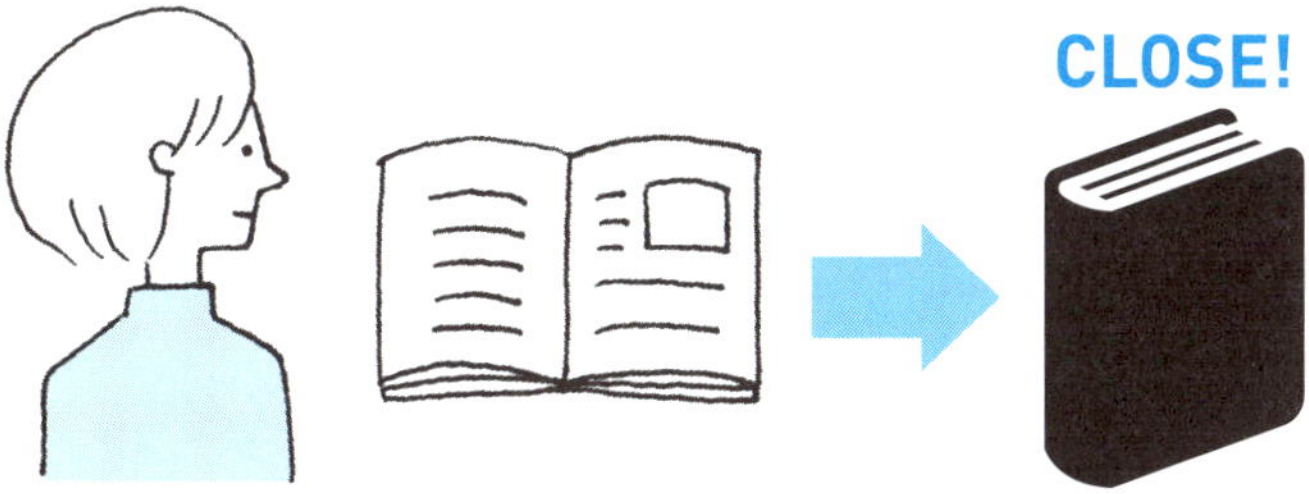

勉強中に、覚えたいところがあったら本を閉じる

内容を思い出しながら、クイズに変換する

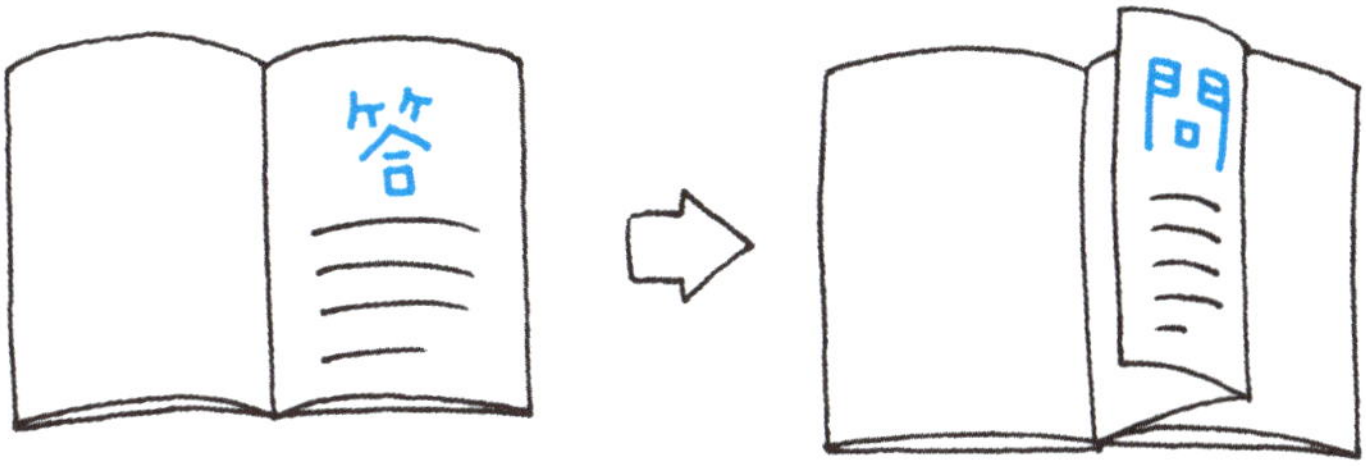

ノートに答えを書いて折り、折り返し部分に問題を書く

です。先にお伝えした「クイズ化ノート術」を実践しつつ、ついでにテスト用の問題も作ってみましょう。次のステップで行ってください。

1）勉強中に覚えたい箇所があったら本を閉じ、その情報を思い出しながらクイズに変換する

2）ノートに問題の答えを書いたら折って隠し、折り返した部分に問題を書いておく

たとえば「1955年にインドネシアのバンドンでアジア・アフリカ会議が開催された」という情報が気になったら、「1955年に、アジア・アフリカ会議が開催された場所は？」に変換すればOK。「ケーリー・ハミルトンの公式」を覚えたいなら、実際に公式が必要な問題を作ってしまいましょう。

このように自分の頭で問題を考えると、アクティブラーニング化が進むのはもちろん、普通に読書するよりも内容を嚙み砕かねばならないため、テキストの理解度も深まっていきます。まさに一石二鳥のテクニックです。

マインドマップを使ったテスト

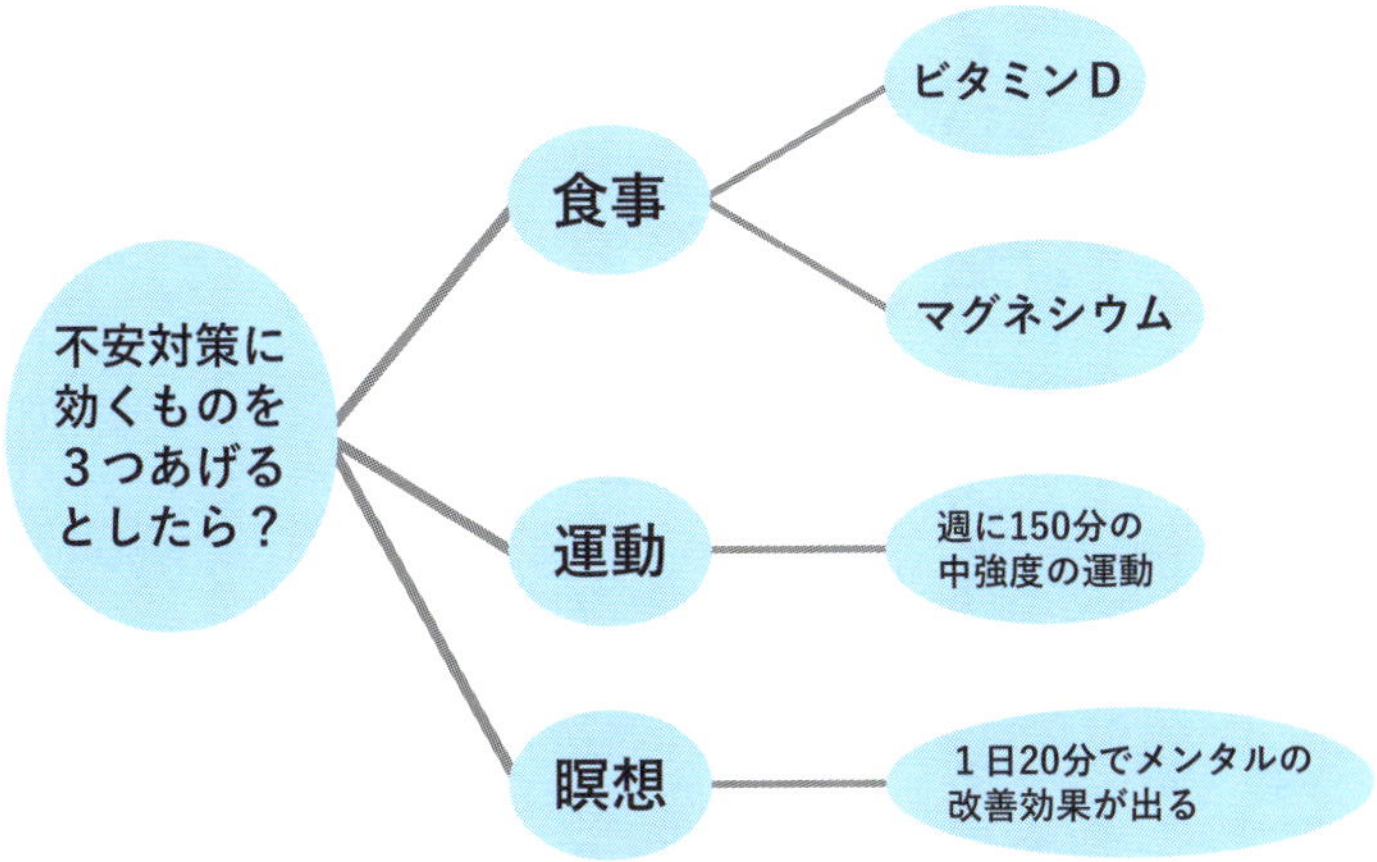

マインドマップを使ったテストの作り方

私がテストを作るときは、「マインドマップ」（図を参照）を使っています。

読書中に気になるポイントがあったら、すかさずスマホを取り出し「iThoughts」というマインドマップアプリを起動。「不安対策に効くものを3つあげるとしたら？」のように問題を入力したら、枝の部分に「食事」「運動」「瞑想」と答えを書き込んでいきます。

続けて、それぞれの枝をさらに分岐させ、「1日20分でメンタル改善の効果が出る」や「週に150分の中強度の運動」

といった補足情報をつけ加えていきます。この作業を何度もくり返すと、枝分かれした情報ごとに複数のテストを作れる訳です。

記入が終わったら、答えが書かれた枝を隠せばテストの準備は完了。問題をタップすれば、すぐに解答が表示されます。

とはいえ、わざわざこうしてマインドマップのアプリを買わなくても問題はありません。いつでも手軽に参照できればなんでもいいので、ノートに手書きしてテストをしたり、「Evernote」や「フラッシュカード」など自分が慣れ親しんだツールを使ってもいいでしょう。

「使えない勉強法」にクイズ化で息を吹き込む

クイズ化の考え方を使えば、第1章で取り上げた「科学的に効率が悪い勉強法」も、効果的なテクニックに変えることができます。

たとえば**「テキストの再読」**だったら、

1．1ページを再読したら、いったん本から目を離す
2．「いま読んだページに書いてあったポイントは何だっけ？」と考えてみる

これだけで、本来は受け身な勉強法だった「テキストの再読」が、アクティブラーニングに生まれ変わります。ビジネスパーソンの読書にも使えるテクニックですね。

そのほか、**「要約」**をクイズ化したいときなども基本は同じです。

1．本を読んだら、しばらく放っておく
2．内容の記憶が薄れたところで、何も見ずに要約する
3．要約した内容が正しいかどうかを、本と照らし合わせて確認する

第1章で、要約は高度な技術を必要とするとお伝えしましたが、このステップをふめば要約の内容が頭に残りやすくなり、最後の内容チェックでテストに似た効果も得られます。

いずれにせよ、**もっとも大事なのは「想起のステップ」を学習のどこかに組み込むこと**です。もし勉強の成果が出なくて困ったら、まずは「クイズ化できないか？」と考えてみましょう。これが、最強の勉強法を手に入れる第一歩です。

Point

覚えたいものをテスト・クイズ化して問題を作ってみよう。音読すれば、より脳が刺激されて記憶が定着しやすくなる。

想起テク2 分散学習

復習の間隔を少しずつ伸ばす

2つ目のテクニックは「分散学習」です。科学の世界では「クイズ化」と並ぶ強力な手法と言われ、その効果を確かめたデータは数知れません。

簡単に言えば、**分散学習とは「復習の間隔を少しずつ伸ばすテクニック」**のことです。第1章で取り上げた集中学習とは異なり、特定のインターバルをつくりながら、少しずつ脳に情報を送り込んでいきます。

くり返しになりますが、**私たちの脳は、刺激を与えられたニューロンが記憶のネットワークを組み立てるまでに相応の時間を必要とします。**レンガを積むにはモルタルが乾くのを待たねばならないように、情報が脳に落ち着くまでには、必ず一定の時間が必要なのです。

逆に、もし私たちの脳がすべての情報をすぐに取り込めたら、どうなるでしょうか？ホテルでもらったWi-Fiのパスワード、1週間前の買い物リスト、もはや会うこともない人の電話番号……。

これらの本質的には不要な記憶が積み重なり、いざ本当に大事なデータが必要になった際に、すぐに記憶の保管庫から取り出せなくなってしまうでしょう。こうした事態をふせぐべく、脳は時間をかけてフィルタリングを行い、「この情報はよく使うから探しやすいところへ配置しておこう」と判断するのです。

そのため、分散学習では、ベクトルの勉強をしたらいったん他の科目に移り、3日後にまたベクトルの学習に戻るといった手順をくり返します。

このステップをふむと、「3日前にやったベクトルの公式は何だったかな？」と思い出す状態がつくり出され、あなたのニューロンは最大限に活性化。ここで初めて勉強の内容が頭に刻み込まれていく訳です。

私たちの脳は、いったん頭に入れた情報を忘れないと、使える知識が身につきません。物事を学ぶこととは、すなわち忘れることでもあるのです。

ベストな復習のタイミングとは？

分散学習にはいろいろな方法がありますが、現時点でもっとも精度が高いのは、研究者のピョートル・ウォズニアックが、過去の膨大なデータをもとに考え出したインターバル復習です。

1. 最初の復習は1〜2日後に行う
2. 2回目の復習は7日後に行う
3. 3回目の復習は16日後に行う
4. 4回目の復習は35日後に行う
5. 5回目の復習は62日後に行う

このスケジュールは、人間の記憶が薄れていく時間の平均値をベースに組み立てたもので、記憶した情報の量が90%まで減ったタイミングで復習を行うように設定されています。長期的に勉強を行う場合は、このペースで復習をくり返すといいでしょう。

ただし、これはあくまで目安なので、そこまで正確さにこだわらなくても構いません。もっとおおまかな基準が欲しいときは、**「2×2のルール」**を使うのも手です。

こちらはもっと簡単で、

1.最初の復習は2日後に行う
2.2回目の復習は2週間後に行う
3.3回目の復習は2か月後に行う

といったインターバルで復習をくり返します。

ウォズニアック版より精度は落ちるものの、より気楽に取り組みたいときや、そこまで優先順位が高くない科目を学ぶ際にはとても有用です。

分散学習

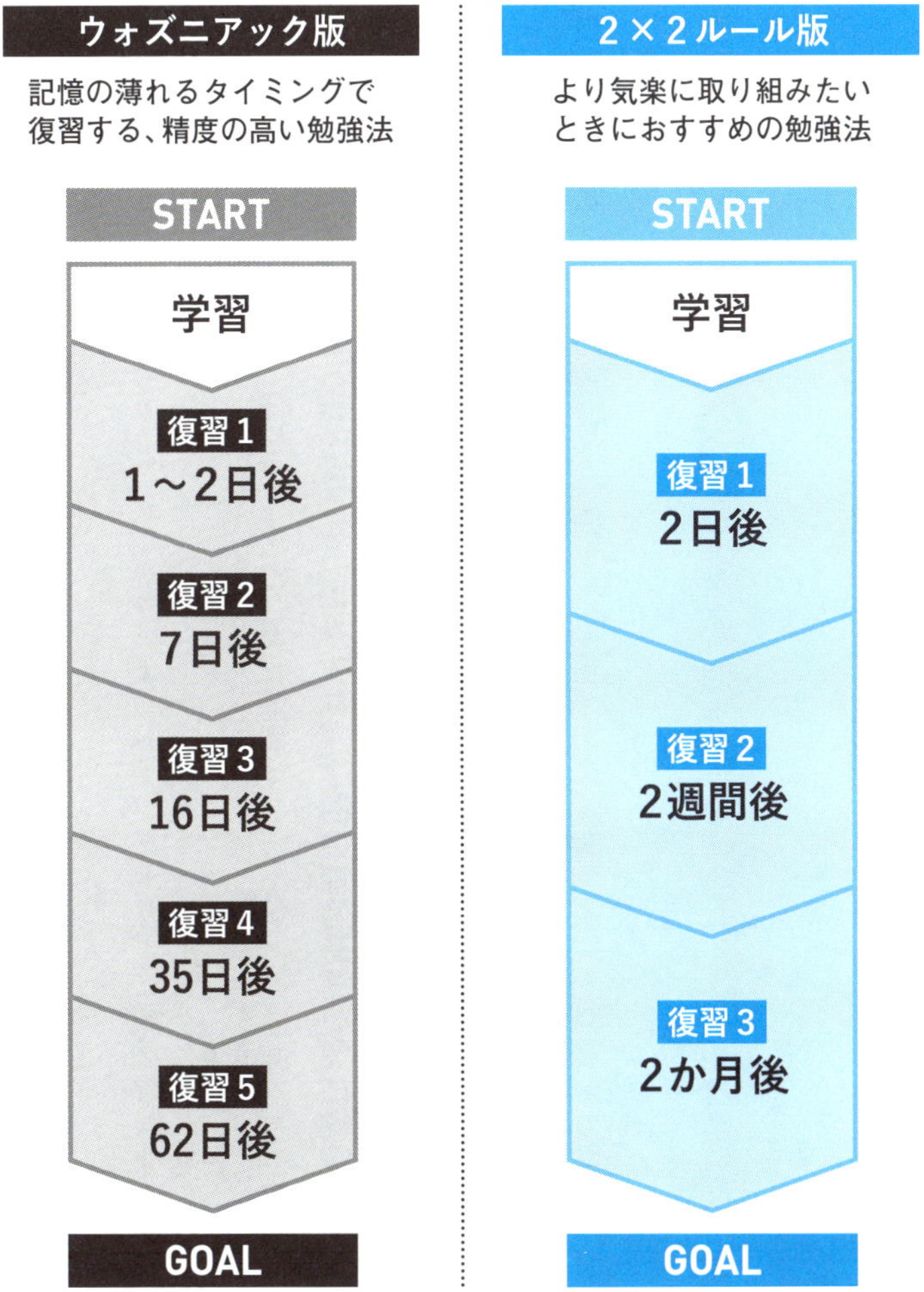
ウォズニアック版
記憶の薄れるタイミングで
復習する、精度の高い勉強法
START
学習
復習1
1～2日後
復習2
7日後
復習3
16日後
復習4
35日後
復習5
62日後
GOAL
2×2ルール版
より気楽に取り組みたい
ときにおすすめの勉強法
START
学習
復習1
2日後
復習2
2週間後
復習3
2か月後
GOAL

「インターリービング」で分散学習の効果をブーストする

分散学習から派生したテクニックとして、もう1つ「インターリービング」も非常に効果があります。

インターリービングは、「はさみ込む」や「交互に配置する」といった意味を持つ単語です。ここから転じて、スポーツや音楽などの世界では、**1回の練習時間の間に複数のスキルを交互に練習する手法**を指すようになりました。

いくつか例をあげましょう。

- 野球の投手だったら、1回の練習で「カーブ→フォーク→スライダー」などの投球練習をすべてやる
- ピアノだったら、「ハノン→初めて弾く難曲→好きな曲」のように、1回の練習時間で数パターンの曲を弾く

インターリービングの考え方がおわかりいただけたでしょうか？　お気づきのとおり、過

去に私が使った「青チャートバラバラ勉強法」(37ページ)もインターリービングの一種です。

かつては1つの技能をマスターするまで同じ練習をくり返す「ブロック練習」が定番でしたが、ここ数十年の研究により、1つのセッションで複数の内容を学んだほうが上達しやすいことがわかってきました。

2015年に南フロリダ大学が行った実験では、学生に2パターンの勉強法を指示しています。

1. 1つの方程式の使い方をマスターしたら次に進む(ブロック練習)
2. 1回の授業でさまざまな方程式の使い方を学ぶ(インターリービング)

すると、翌日のテストではインターリービングを使ったグループのほうが25%も成績が良かったうえに、さらに1か月後の追試では、両グループの得点差は倍近くに開いていました。インターリービングのほぼ圧勝と言える成果です。

ここまで効果の違いが出たのは、私たちの脳が単純な刺激に敏感に反応するためです。

たとえば、数学で行列の勉強だけをひたすら続けたらどうでしょう？

似たような問題や解法をくり返すうちに、私たちの頭の中は、やがて行列に特化した発想や考え方で凝り固まっていきます。単調な勉強がひたすら続くだけなので、「想起」のプロセスも起きません。

この状態が続けば、記憶への定着率は下がるばかりで、新たな発想も生まれにくくなります。結果として応用が利かない知識だけが頭にたまりやすくなるのです。

この問題をふせぐには、同じような学習を続けるよりは、合い間に違ったジャンルをはさむしかありません。

ベクトルをやったら、次は二次関数、続けて行列をやり、さらに三次関数、マクローリン展開などと、どんどん複数の内容に手をつけていけば、凝り固まった頭は確実にリセットされます。これが、インターリービングの大きなメリットです。

インターリービング学習における3つのポイント

効果的にインターリービングを行うには、いくつかのポイントを押さえておく必要があります。具体的に説明しましょう。

■ポイント1：ジャンルの数は3つまで

1回の勉強で混ぜ合わせる内容の数に制限はありませんが、たいていはジャンルを3種類まで絞り込むのが普通です。英語を勉強するのであれば、単語の暗記や長文読解だけを続けるのではなく、「ライティング→文法→リスニング」のように、3つのジャンルでワンセットを作ってみてください。

慣れたらジャンルの種類を増やしてもいいですが、いきなり大量のインターリービングを行うと、脳の処理能力を超えてしまう可能性もあります。まずは3つぐらいで様子を見ましょう。

■ポイント2：時間は等分に

学習する内容を3つに絞ったら、ジャンルごとに時間を均等に割りふります。たとえば、こんな感じです。

・1回の学習時間が60分の場合：ライティング20分→文法20分→リスニング20分
・1回の学習時間が30分の場合：ライティング10分→文法10分→リスニング10分

もし短い学習時間しか取れなかったとしても、それぞれの内容には同じ時間を使うようにしてください。

■ポイント3：ワンセッションごとに必ず休憩を入れる

1回のインターリービングに費やす時間にはこれといった決まりはないので、自分の感覚にしっくりくる時間を選べば問題はありません。

ただし、どうしても最適な学習時間が判断できないようであれば、まずは「90分の勉強→20分の休憩」というパターンを試してみてください。このサイクルは人間の集中力の変動タイミングに合わせた学習パターンで、専門的には「ウルトラディアンリズム」と呼ばれます。

5～10分ぐらいの個人差はあるものの、たいていの人は90分の覚醒状態と20分の安静状態のサイクルをくり返すケースが多いため、とりあえずはこのリズムに沿って勉強するの

効果的なインターリービング学習

3つのポイント

1. ジャンルは3つまでに絞る
2. 時間は均等に割りふる
3. ワンセッションごとに休憩を入れる

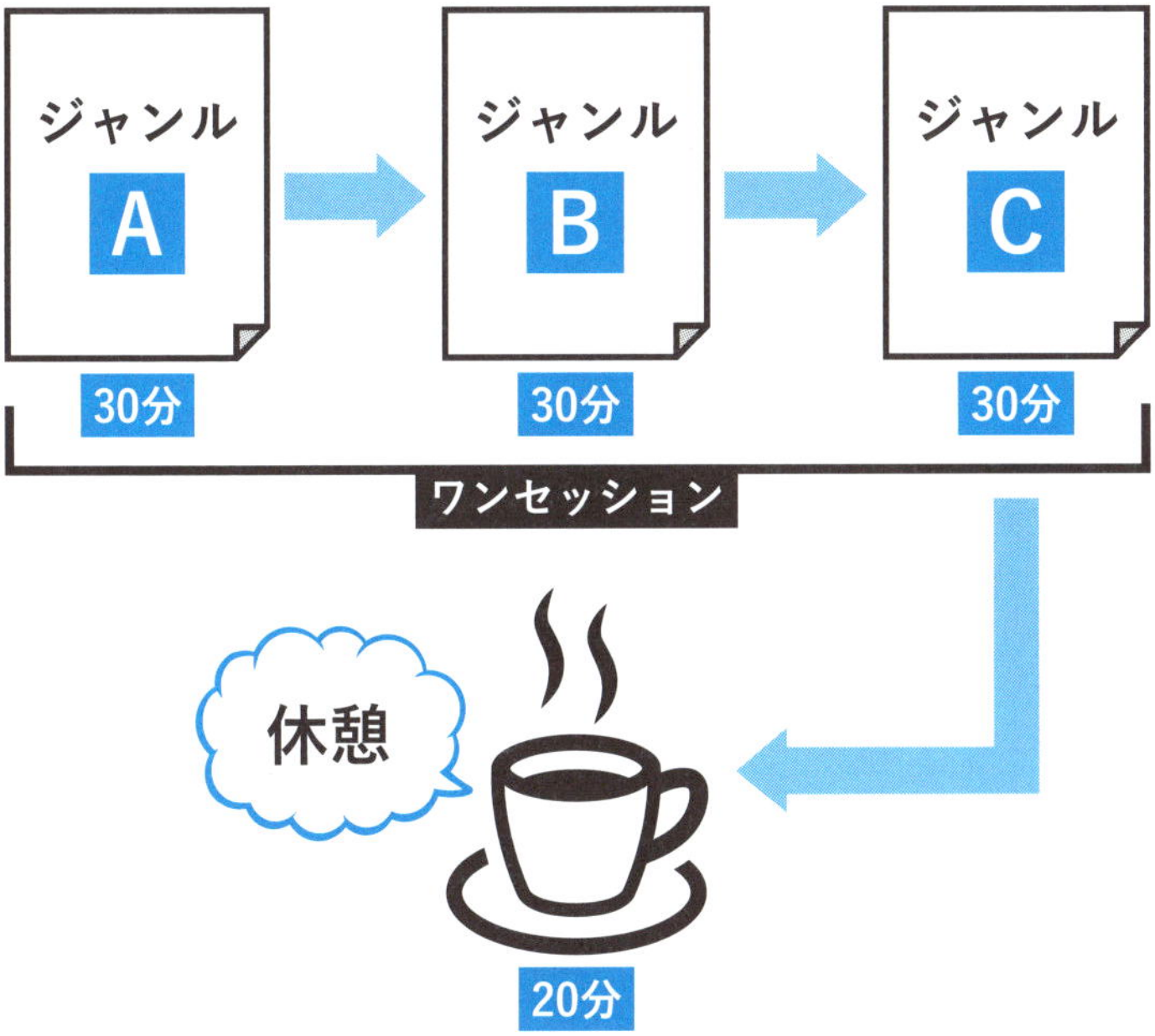

が無難です。何度か「ウルトラディアンリズム」を試して、集中力が続きやすいかどうかを確かめてみてください。

Point

効果的な休憩をはさんで勉強時間を取ろう。1極集中よりも、3つに分けて勉強したほうが効果は高い。

想起テク3 チャンク化

私が何も見ずに3時間ノンストップで講演できる理由

想起のパワーを引き出す3つ目のテクニックは「チャンク化」です。

耳慣れない言葉かもしれませんが、**チャンクとは「意味のあるかたまり」のこと。バラバラの情報を何らかの法則にもとづいてグループにまとめ、頭に残りやすくした状態を指します。**

たとえば、家計簿をつけるときには、「収入」と「支出」の2つを記録に残しておけば、それなりに役には立つでしょう。しかし、ここで「支出」をさらに「食費」「家賃」「通信費」などと、要素ごとに分類してみます。「支出」を3要素のかたまりとして理解することにより、脳への定着度はぐっと高まります。そして、自分がどんな分野で浪費しているの

チャンク化

チャンク化とは分類・選択して
「意味のあるかたまり」に再構成する作業

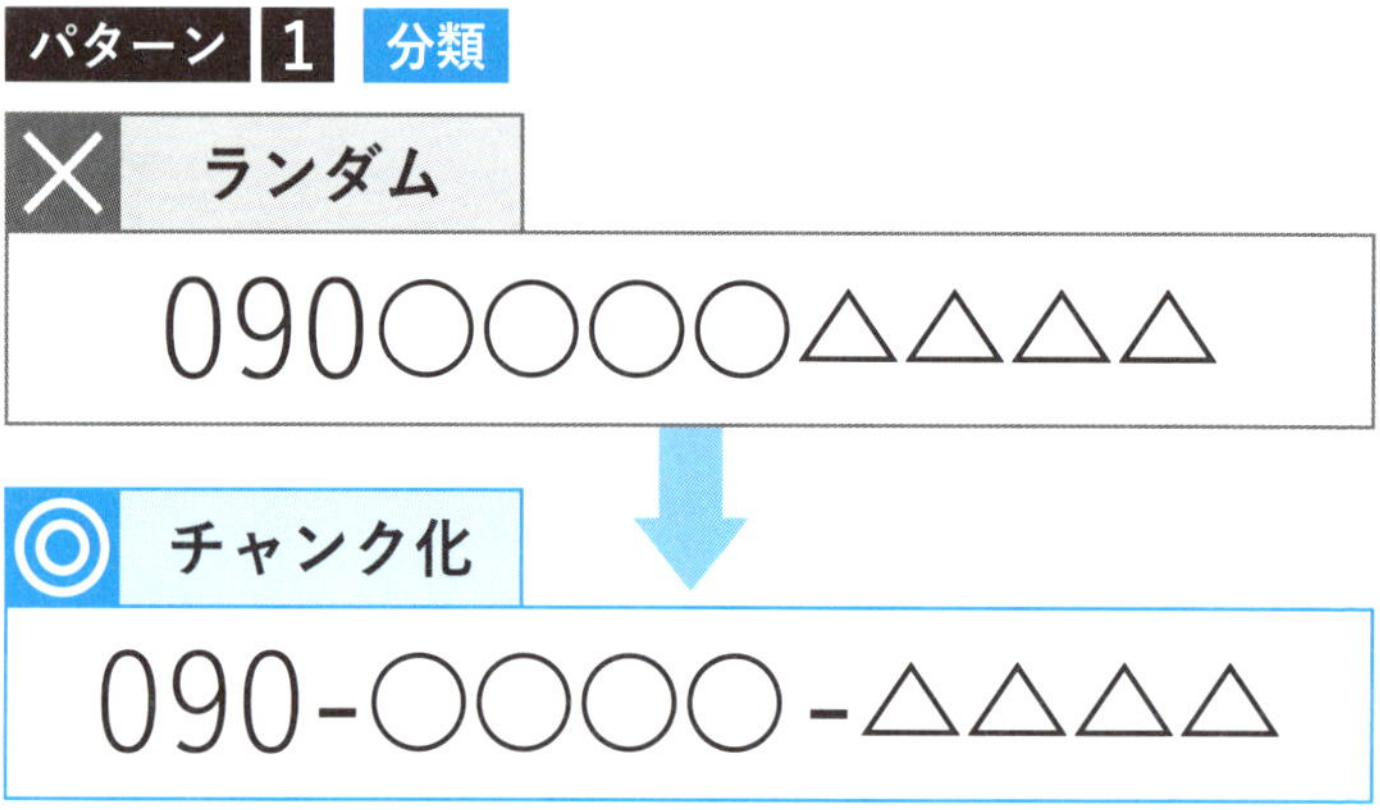

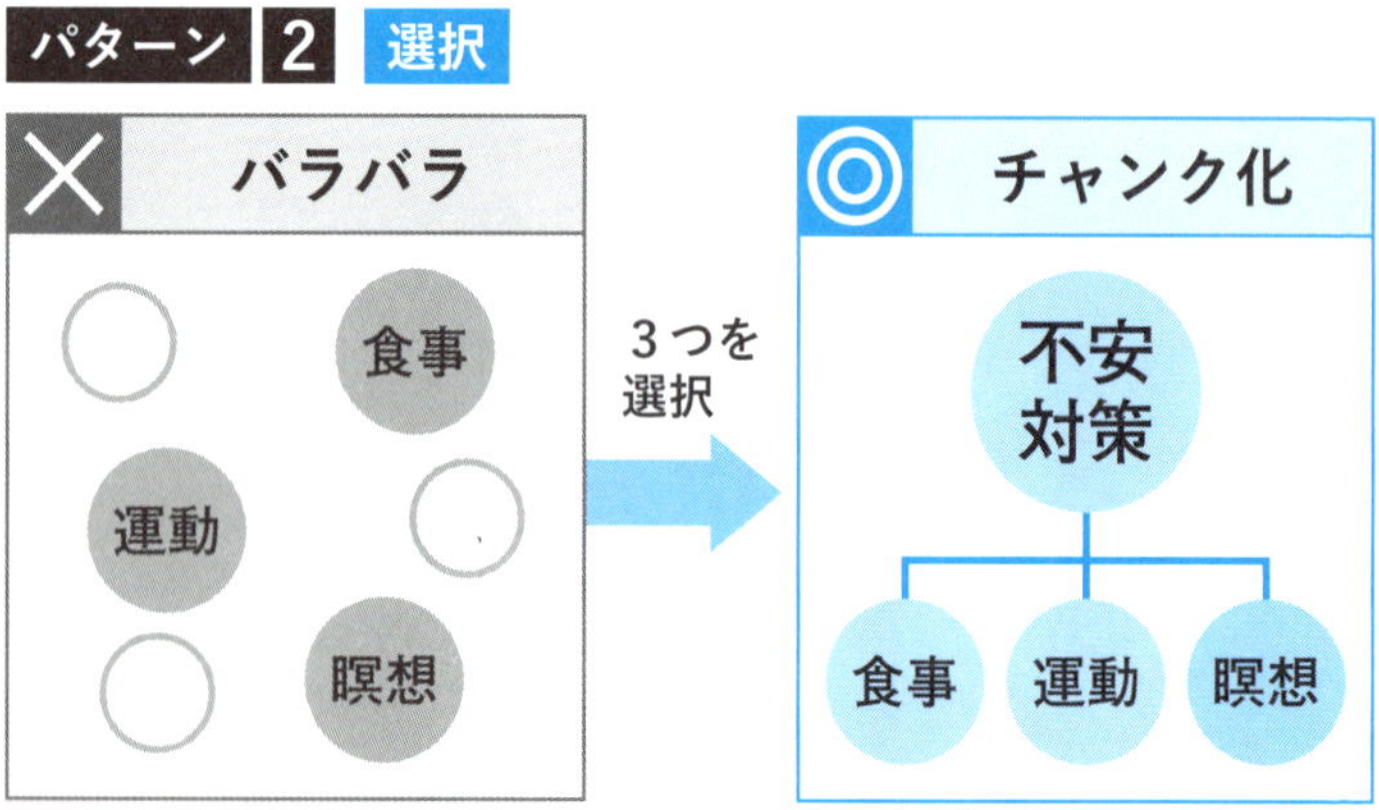

かがすぐに理解でき、支出全体を管理しやすくなるのです。

もう1つ、「電話番号」を覚える場面を考えてみましょう。

「090○○○○△△△△」といったランダムな番号を記憶するのはかなり難しい作業ですが、「090-○○○○-△△△△」のようにハイフンをはさむと、急に覚えやすくなります。最初はバラバラにしか見えなかった数字の列が、ハイフンでいったん分類され、それら3つの要素を1つのかたまり（チャンク）として覚えることで脳への負担が減るのです。

このように、チャンク化は私たちの記憶行為を助けてくれます。**これといった区切りのないデータに自分なりの「枠組み」を定め、頭に残りやすくするのが基本的な使い方です。**

かたまりの「ラベル」は付け替えが可能

私の例をあげるなら、「クイズ化」の解説で出た「不安対策に効くものは食事、運動、瞑想の3つ」という情報がチャンクの一種です（55ページ）。

普通の人が聞けば、「運動、食事、瞑想」の3つは、まったく別々の情報にしか見えないでしょう。しかし、ここでチャンク化の発想を使うと、バラバラだった情報は「不安対策」

のラベルをつけて1つにまとめられます。

ほかにも、この3つを「ダイエット」のラベルでくくってもいいですし、「頭を良くする方法」としてラベルづけしてもいいでしょう。**自分のくくり方によって、チャンク化のパターンは無限に存在する**という訳です。

このようなチャンクが大量に頭に刻み込まれると、情報の処理スピードが異常に速くなります。

私の場合、とくにメリットが大きかったのは講演会で、近ごろは、何も資料を見なくても、3時間はノンストップでフリートークをつなげていくことができます。そのテーマも多種多様で、「メンタルの改善法」といった定番の話題だけでなく、「ココアが体に良い理由」のような細かいお題でも、よどみなく体系化された言葉が飛び出すのです。

お客さんからは「どうしてそんなに知識が出てくるのですか？」と驚かれますが、これが可能なのは、頭の中に大量のチャンクが収まっているからにほかなりません。

「メンタルを改善する方法は？」と聞かれたら、脳から心理関係のチャンクが引き出され、すぐさま「食事、運動、瞑想の3つです」と答えられます。「効果的なダイエット法は？」

と聞かれたら、また別のチャンクを使って、「高タンパク食、ＨＩＩＴ（高強度インターバルトレーニング）、プチ断食」などと即答するでしょう。

日常的にいろんなチャンク化をしているため、１つの質問に対して大量の情報が頭に浮かぶのです。

ここまで特殊な例でなくとも、身のまわりにチャンク化の例はたくさんあります。次のような勉強法はどうでしょうか？

- **「artificial（人工的な）」と「disaster（災害）」を別々に覚えるのではなく、「artificial disaster（人災）」のようにワンフレーズで覚える**
- **数学の定理や公式は、その証明や解法とセットで覚える**
- **歴史の人物を覚えるために、藤原氏、源氏、足利氏、信長などを「時の権力者」としてグルーピングする**

これらは、すべてチャンク化の基本的な例です。いずれも複数の情報を自分なりのルールや法則でまとめあげることで、バラバラに覚えるよりも確実に記憶の定着率がアップします。

「チャンク化」で天才の直感力が身につく

「チャンク化」は根気がいる作業です。頭の中で複数の知識をつなぎ合わせ、それを自在に引き出さないといけないのだから当然でしょう。

したがって、「チャンク化」を身につけるには、大量の反復練習が前提になります。ここまでに紹介してきた「クイズ化」「分散学習」「インターリーピング」などのテクニックを使いながら、複数のチャンクを頭に叩き込んでいくのが基本中の基本です。

時間はかかりますが、学習の量と質を高めていくうちにチャンク化のコツがつかめてきます。いったんチャンク化が起きれば、そのメリットは計り知れません。

記憶の定着が良くなるのはもちろんですが、何よりも大きいメリットは「直感」が働き出す点です。

- **数学の文章題を見た瞬間、解法を思いつく前に正答の当たりがつく**
- **英文を流し読みしただけで、選択問題の答えがわかってしまう**

チャンク化のレベルが深い人ほど、はた目には天才としか思えない能力を発揮する傾向があります。

普通なら「A→B→C→D」の順に論理を追わねばならないところを、脳内で情報が圧縮されているおかげで、論理展開が一瞬で理解できて、「A→D」のように一足飛びで正解にたどり着けるからです。

私もヒマさえあればチャンク化しながら復習し、スキマ時間にマインドマップで作ったクイズを眺めています。おかげで、何も知らない人からは「DaiGoはデジタル中毒を批判するくせに、自分はスマホばかり見ている」と言われてしまうのが困りものですが。

「深いチャンク化」を手に入れる3つのポイント

くり返しになりますが、**チャンク化に正式な作法はありません。自分の発想で複数の情**

報をグループにまとめ、チャンクが無意識下に送り込まれるまで、ひたすら練習をくり返すのが基本です。

しかし、これだけでは雲をつかむような気分になる方も多いでしょうから、いくつかのコツを紹介しておきましょう。チャンク化に困ったら、まずは3つのポイントから手をつけてください。

■1：情報の優先度をつける

「どのように情報をまとめればいいかわからない！」という人は、まずこの方法から試してみましょう。

1．覚えたい情報をすべて書き出す
2．それぞれの情報に対し、1〜10点で「重要度」をつける

とてもシンプルなテクニックですが、これだけでも十分な効果があります。学生を対象にしたある実験では、**英単語に重要度をつけながら勉強したグループは、うるさい音楽が**

鳴り響く集中しづらい環境でもテストの成績がアップしました。

このような効果が起きたのは、バラバラだった情報が「重要度」という観点でまとめ直され、脳が1つのチャンクとして判断したからです。

「重要度」の基準は、テストに出やすいものでもいいし、単に自分が覚えておきたいと思っただけでもいいでしょう。とにかく、ランダムな情報に何らかの秩序を与えてやるのが大事です。

2：複数の解法をセットで覚える

数学のように1つの問題に複数の解法が存在する科目では、必ずすべてをまとめて学習しましょう。問題集に「解1」や「解2」といった表記があったら、すべてセットで覚えるのです。

たまに「時間のムダだから解法は1つ覚えればいい」などと言う人もいますが、**つねに複数の解法を頭に入れておかないと、目先の変わった問題が出た際に応用が利きません。**じゃんけんでグーしか出せないせいで、相手がパーを出してきたら対応できなかったようなものです。

この考え方は、数学以外でも変わりません。

1つの英作文について能動態と受動態などの複数表現をセットで覚えたり、第二次大戦の記述では連合国だけでなく枢軸国からの視点も押さえたりと、必ず複数の解法をセット化してください。

最初は面倒に思うでしょうが、チャンクが積み重なるにつれて記憶の定着スピードが上がり、どんどん楽になっていくはずです。

■3：マインドマップでオリジナルチャンクを作る

私たちの脳は、自分で思いついたチャンクほど頭に残りやすい性質があります。参考書や問題集にまとめられた情報をチャンクとして使うよりも、自ら頭をひねって考えたほうがアクティブラーニングの要素が強いからです。

ですが、そうはいっても、オリジナルのチャンクを作るのはなかなか難しい作業です。**オリジナリティが高いチャンクを生み出すには、異なった情報が持つ類似点を見抜く力が欠**

かせません。

たとえば「投資では周囲に流されない自己コントロールの能力が大事」などの話を聞いた後、「そういえばギャンブルでも欲張るとろくなことがないなぁ」と思いついたり、「ゴルフでも一発で乗せようと思って池ポチャするケースは多いな」と展開してみたり。パッと見は何の関係もなさそうな情報に、つながりを見いだす発想力が必要なのです。

そこで使えるのがマインドマップです。もともと複数のアイデアをつなげて発想を広げるためのツールですが、複数の研究では脳内のチャンク化をうながすことも明らかになっています。

マインドマップをチャンク化に活かすステップは簡単です。

1. 覚えたい内容を、かたっぱしからマインドマップに配置する
2. できあがったマインドマップを定期的にボーッとながめる
3. 情報につながりが見えたら、その2つをつなげる

チャンク化・3つのポイント

1 情報の優先度をつける

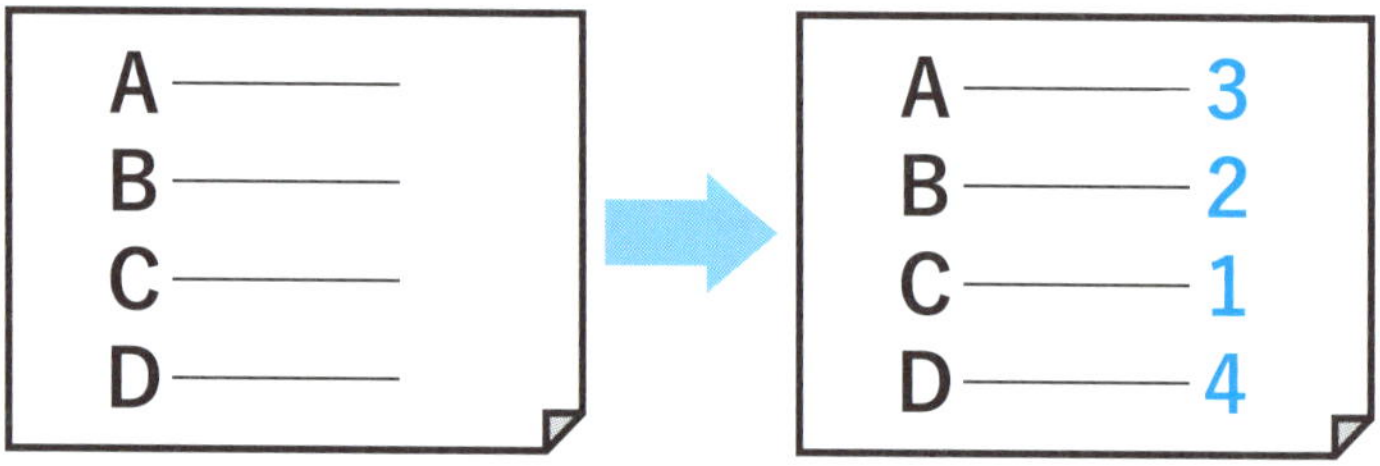

2 複数の解法をセットで覚える

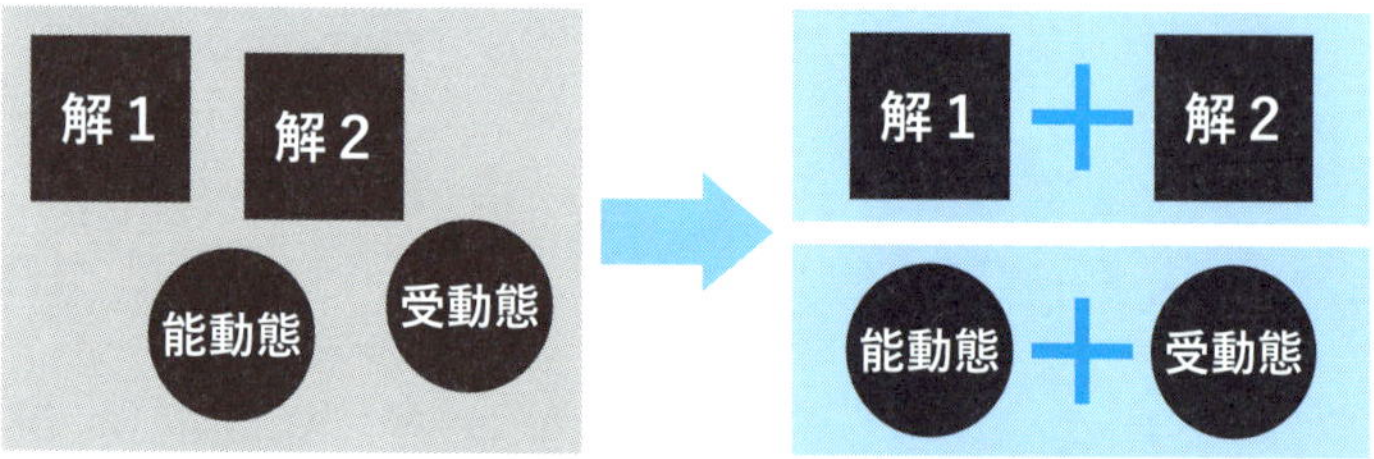

3 マインドマップでオリジナルチャンクを作る

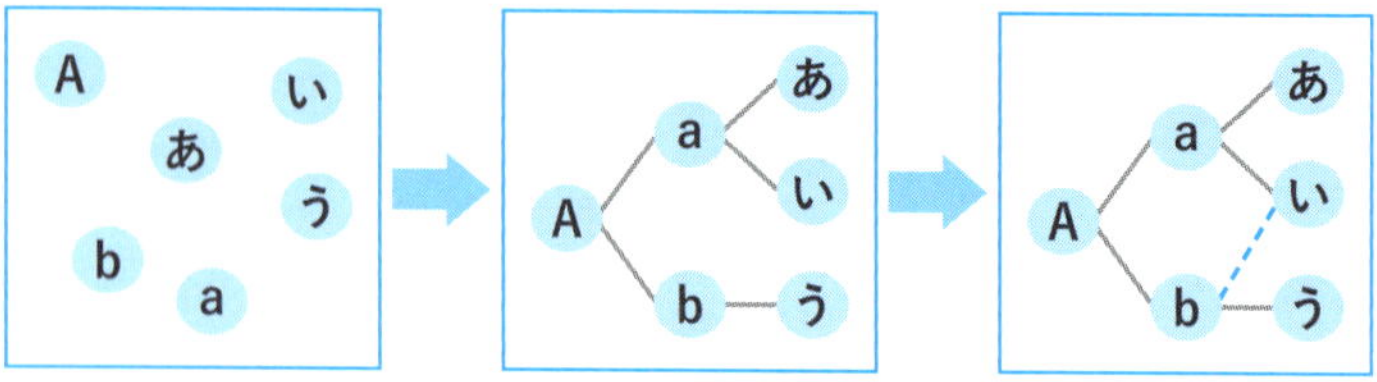

覚えたい内容をあげる

マインドマップを作る

定期的にながめ、新しいつながりが見えたらつなげる情報のつながりは、あなたがピンときたものでさえあれば、どんな内容を組み合わせても問題ありません。

たとえば「モンゴルの分裂はソ連の崩壊にそっくりだ」のように歴史の類似点をつなげてもいいでしょうし、「対数の考え方は神経回路の形成によく似ている」のように自分にしか理解できないつながりを作ってもいいでしょう。どんなつなげ方だろうが、自分さえ納得できれば、それはチャンクとして機能します。

Point

情報は「意味のあるかたまり＝チャンク」で頭に入れよう。チャンク化に慣れると直感力も身につけられる。

DaiGo式・アクティブラーニング２

再言語化

「再言語化」を使いこなす３つのテクニック

ここからは、「アクティブラーニング」における２つ目のポイント「再言語化」を使いこなすためのテクニックを見ていきます。簡単におさらいすると、「再言語化」とは難しいアイデアや用語を自分の言葉に置き換え、勉強した内容の理解力を高めていくテクニックでした。

急に「自分の言葉で言い直してみよう！」と言われても困ってしまう人がほとんどだと思いますが、ご安心ください。幸いにも、多くの研究により効果的なメソッドが開発されています。代表例を紹介しましょう。

再言語化テク1

自己解説

「WHY」と「HOW」の質問をくり返し、自問自答する

1つ目のテクニックは「自己解説」です。

勉強で学んだ内容について、自問自答をくり返しつつ理解を深めていくというのがこのテクニックのポイント。いったん基本的な学習を終えた後で、復習のために使うときに効果的な手法です。

もっとも一般的な「自己解説」のステップは、次のようになります。

■1：学びたい内容のリスト化

頭に入れたい内容をシンプルな文章にまとめてリストにします。「第二次大戦の流れを覚

える」「神経の仕組みを理解する」のように、それぞれのテーマを簡潔に表現してください。

■2：「WHY」と「HOW」の質問

リストアップしたテーマについて、それぞれ「原因（WHY）」または「メカニズム（HOW）」に関する質問を自分に投げかけます。「第二次大戦はなぜ起きたのか？（WHY）」や「神経はどのように情報を伝達しているのか？（HOW）」など、テーマによって質問の仕方をアレンジしてください。

■3：確認テスト

ステップ2で作った質問の答えを紙に書き出して、正しいかどうかを確認します。

このテクニックを、たとえば「神経の仕組みを理解する」というテーマに使ったらどうなるでしょうか？

「ニューロンはどうやって情報をやり取りしてるんだっけ？（HOW）えーと、確か樹状突起が他のニューロンから信号を受け取って、それが軸索を通っていくんだよなぁ……。あれ？　そうなると、軸索から他の樹状突起に情報が行くのはなぜだっけ？（WHY）これはじかに信号がやり取りするんじゃなくて、シナプスの間を化学的な信号が……」

自己解説・3つのステップ

1 学びたいことをリスト化する

2 「WHY」と「HOW」で自分に質問する

3 答えを書き出して確認テストをする

このように、**自分で作った質問に自分で答えていき、その間に新たな疑問が湧いたら、また別の質問をつなげていきます。**どうしても説明が思いつかないレベルまで行きついたところで終えてください（適当なところでストップしても構いません）。

「自己解説」で「もうわかった」を克服する

「自己解説」の効果が高い理由は、「流暢性《りゅうちょうせい》の罠《わな》」という心理を打ち砕いてくれる点です。

参考書の問題が解けなかった後で解答ページを見たら、急にすべてを理解したような気分になった経験はないでしょうか？

答えを見ればわかったような気になるのは当たり前の話で、実際はこの時点で解法はまだ頭に入っておらず、知識としては使いものになりません。

にもかかわらず、多くの人はここで「自分は最初から理解していたのだ」と錯覚します。そのせいで、実際よりも高い能力が備わったように思い込み、いつまでも実力が身につかないままになってしまうのです。

これが「流暢性の罠」と呼ばれる心理です。**私たちの脳には、解答を見てすぐに理解で**

きた問題を完全に頭に入ったものととらえ、それ以上は学ばなくても大丈夫だと考えてしまうバイアスがかかりがちなのです。

「自己解説」は、この問題からあなたを守ってくれます。

実際にやってみるとわかりますが、どれだけ完全に理解したと思ったテーマでも、いざ解説を行うと自分で言葉にできないポイントが大量に見つかり、軽く落ち込んでしまうほどです。このショックがあなたの理解度の判断を正し、復習や練習の重要性を思い出させてくれるはずです。

定期的に「自己解説」を行い、知識のウィークポイントを補強してください。

「メタ認知リーディング」で難しい文章を理解する

先ほど取り上げた「ＷＨＹとＨＯＷの質問」は、おもに復習用の技法でした。そこで続いては、あらゆる学習に適した「自己解説」を紹介しましょう。

「メタ認知リーディング」は、アメリカのボールステイト大学が考案したテクニックです。

基本的な教科書に初めて取り組むときから、難度の高い解説書にチャレンジしたいときまで幅広いパターンに使えます。とくに理解力アップの効果が高いため、数学の複雑な概念をつかみたいような人には最適でしょう。

このテクニックのポイントは、つねにメタ認知を働かせながら学習を行う点です。**メタ認知は「思考についての思考」のことで、自分の考えや判断を客観的に判断するときに使う能力です。**もしメタ認知ができなければ「現在の問題は何なのか？」さえもわからず、ひたすら泥の中でもがき続けることになってしまいます。

勉強が苦手な人はよく「何がわからないのかがわからない！」といった感覚におちいりますが、これこそメタ認知ができていない典型的な例。この状態にハマったら、いくら勉強をしても効果は出にくくなります。

「メタ認知リーディング」の4ステップ

それでは、勉強中にメタ認知を働かせるにはどうすればいいのでしょうか？「メタ認知リーディング」は、以下のステップで行います。

■ステップ1：プレリーディング

しっかりと理解したい参考書や本を一冊選んだら、まずは内容の下調べをします。書籍のタイトル、目次、チャプターやセクションの見出し、イラスト、グラフなどをチェックし、**「どのようなことが書かれているのか？」**をざっくりとつかんでください。

ここはまだ下調べの段階なので、さらっと流すように読めば大丈夫。各チャプターの最初と最後のパラグラフだけを読んでみてもいいでしょう。このステップでは、以下のような質問を自分にしながら行うことで、さらに効果が高まります。

- **目次からどのような内容が想像できるだろうか？**
- **チャプターやセクションの見出しからわかることは何だろうか？**
- **各チャプターの最初と最後のパラグラフから何がわかるだろうか？**
- **グラフやイラストからわかることは何だろうか？**

■ステップ2：速読

続いて速読です。このステップでは内容の基礎をつかむのが目標なので、熟読の必要はありません。以下のポイントを押さえて、**いったん最後までさらっと読み通してください。**

- **パッと見で重要そうに思えた箇所にチェックを入れる**
- **チェックを入れた箇所には、なぜ自分が重要だと感じたのかを簡単にメモしておく**
- **知らない単語をピックアップして、余白に意味を書き込んでおく**
- **速読して理解できなかった箇所にもチェックを入れる**

このステップの実践中は、定期的に「このセクションで一番重要なポイントはどこだろう？」「説明の結論は理解できただろうか？」「この結論にたどり着くための前提とは？」などと自分に問いかけていくと、さらに理解が深まります。

■ステップ3：再読

この段階では再読を行い、**「自分は何がわからないのか？」**を明確にして理解度を深めていきます。以下のポイントに注意しながら読み進めてください。

- **「それゆえに」「つまり」「したがって」などの接続詞に注意して〝結論〟を探す**
- **「なぜなら」「のように」「なので」などの接続詞に注意して〝前提〟を探す**
- **速読のステップで理解できなかった箇所を再チェックしながら、「この文章のどこが理解できないのか？」と自分に質問する**
- **以下の8つの質問を自分にしてみる**

「すべての用語の意味は確認できただろうか？」

「（各章、各パラグラフの中で）もっとも自分にとって意味がつかめなかったのはどこだろう？」

「テキストに感じた疑問や難点を解決、または明確化するにはどうすればいいだろうか？」

「本の中でもっとも興味が持てたポイントはどこだろう？」

「難しいポイントを理解するために、違うアプローチはできないだろうか？（ネット検索や友人に聞く、など）」

「学んだ内容にもっと興味を持つことはできないだろうか？」

「この本から学んだことで、テストがなくても覚えておくべきポイントはどこだろう？」
「この本から学んだことで、自分の未来や大きな目標に活かせそうなポイントはどこだろう？」

■**ステップ4：再々読**

最後に本の内容をもう一度チェックします。このステップでは、**「自分の言葉で友人に本の結論を説明できる」レベル**を目指して読み進めていきましょう。

押さえるべきポイントは次のとおりです。

- **ステップ2でチェックした重要なポイントの修正、または追加を行う**
- **テキストの重要なポイントをチャートや図解にまとめてみる**
- **さらに新しい発見があった場合はメモしていく**
- **「テキストの内容を他人に簡単に解説できるだろうか？」と自分に問いかけ、その内容をノートに書き出す**

メタ認知リーディング・4つのステップ

ステップ 1 プレリーディング

理解したい参考書や本を1冊選び、内容の下調べをする。書籍のタイトル、目次、チャプターやセクションの見出し、イラスト、グラフなどをチェックし、何が書かれているかをざっとつかむ。

ステップ 2 速読

速読をする。熟読の必要はなく、以下のポイントを押さえて最後まで読み通す。
- パッと見で重要そうな箇所にチェックを入れる
- チェックを入れた箇所に、重要だと感じた理由をメモ
- 知らない単語をピックアップ。余白に意味を書き込む
- 速読して理解できなかった箇所にチェックを入れる

ステップ 3 再読

以下のポイントに注意しながら再読し、「自分は何がわからないのか？」を明確にする。
- 「それゆえに」「つまり」「したがって」などの接続詞に注意して"結論"を探す
- 「なぜなら」「のように」「なので」などの接続詞に注意して"前提"を探す
- 速読時に理解できなかった箇所を再チェック。「どこが理解できないのか？」自分に質問する
- 「すべての用語の意味は確認できたか？」「もっとも意味がつかめなかったのは？」など、8つの質問を自分にしてみる

ステップ 4 再々読

以下のポイントを押さえ、本の内容を再々チェック。「自分の言葉で友人に本の結論を説明できる」レベルを目指す。
- ステップ2でチェックした重要なポイントの修正・追加をする
- テキストの重要なポイントをチャートや図解にまとめてみる
- 新しい発見があった場合はメモする
- 「テキストの内容を他人に簡単に解説できるか？」と自問し、内容を書き出す

「メタ認知リーディング」のやり方は以上です。

すべてをこなすと膨大な作業になるため、時間がないときは、ステップ3の「理解度を深める質問」とステップ4の「他人に説明するつもりでまとめを書く」の2つに絞ってください。それだけでも、あなたの理解力は相当に高まるはずです。

ここで、いぶかしく感じた方もいるでしょう。

「第1章で『要約は意味がない』と言っていたのに、ここで〝まとめ〟を推奨しているのはなぜ？」

当然の疑問ですが、私が批判する〝要約〟とは、初めて読んだテキストをいきなりまとめあげるやり方です。すでにご説明したとおり、要約は想像以上に脳のパワーを使う作業。初めて読んだ内容のポイントを抜き出そうとしても、うまくいくはずがありません。

しかし、メタ認知リーディングでは、そこまでのステップで、徹底的に理解のレベルを深めます。

自分は何がわからないのだろう？　わからないことに興味を持つにはどうすべきだろう？未来にも活かせる情報はないだろうか？

ここまでの熟考を重ねてこそ、やっと要約は意味を持つのです。ご注意ください。

Point

「WHYとHOWの自問自答」で考え、「メタ認知リーディング」で理解する〝攻めの勉強〟をしよう。

再言語化テク2

ティーチング・テクニック

勉強した内容を他人に説明してみる

再言語化に役立つ2つ目の技術が「ティーチング・テクニック」。簡単に言えば、**自分が勉強した内容を他人に説明してみる手法**です。

効果の高さについては心理学の世界でも一定の評価があり、1980年代にフランスのジャン＝ポール・マーティン博士が提唱して以降、複数の実験で学力向上のメリットが確認されてきました。

ティーチング・テクニックの働きは、直感的にも理解しやすいでしょう。他人にうまく説明するためには、まず自分がしっかりと内容を理解する必要がありますし、相手に正しく伝えねばならないプレッシャーのせいで勉強のモチベーションも高まります。

私は「説明がうまい」とほめられるケースが多いのですが、それもこのティーチング・テクニックのおかげです。

というのも、私は昔から説明がうまかった訳ではありません。もともとは理系で物理ばかり勉強している学生だったため「わからないことは自分で考えるべき」との思いが強く、他人に説明したい気持ちなど持っていませんでした。

しかし、テレビ出演が増え出してから事情が変わります。

ありがたいことに大量の取材依頼が舞い込むようになったまでは良かったものの、心理学に興味がない記者の方々にインタビューを受けるケースが激増したのです。専門用語を使った説明ではまったくわかってもらえず、チェック原稿の間違いを直すのに多大な時間を奪われました。

「心理学に興味がない記者さんに理解してもらうためには、どうすればいいだろう？」

困った私は、難しい専門用語を自分の言葉でやさしく言い換えるよう心がけ、インタビューで何度も試したのです。

その効果はてきめんで、記事の間違いが減ったのはもちろん、以前より知識の脳への定着がスピーディーになり、いままでは書籍1冊ぐらいの情報なら簡単に頭に入ります。他人への説明は時間のムダなどではなく、私自身の知識の向上に役立つ行為だった訳です。

人から感謝されて自分のためにもなるのだから、一石二鳥のテクニックだと言えるでしょう。

教えるつもり勉強法

「他人に教えようと言われても、そんな相手はすぐに見つからない……」

そう思った方は安心してください。本当に他人に説明しなくても「教えるつもり」で勉強しただけでも効果は得られます。

2014年、ワシントン大学が学生たちを2つのグループに分けました。
1.「この後にテストがある」と思いながら勉強する
2.「この後で他の学生に教えなければならない」と思いながら勉強する
その後で両グループに確認テストを受けさせたところ、結果は予想以上でした。

「他の学生に教えなければ」と思いながら勉強したグループは、内容を正確に思い出す確率が28%も高く、とくに重要な情報ほど記憶に残っていたのです。

考え方を変えただけでここまでの差が出たのは、他人に「教えるつもり」になったおかげで学習の姿勢が能動的になったからです。

他人にうまく説明するには、自分の中で要点がまとまっていなければなりません。そのため、私たちは人に何かを教えなければならないと思うと、反射的に問題のポイントを探して整理し始めます。そうした学習の姿勢が、自然とアクティブラーニングに切り替わった訳です。

この手法は、予習でも復習でもどんな場面でも使えます。いつでも「この解法を友達に説明するには?」などと考えながら勉強してみるといいでしょう。

ラバーダック勉強法

次は、勉強した内容を、実際に声に出して説明してみる勉強法です。

といっても、**わざわざ友達を誘って説明を聞いてもらう必要はありません。教える対象は、人間でなくてもいいのです。**

「ラバーダック勉強法」は、お風呂に浮かべて遊ぶ黄色いアヒルのオモチャを相手に、自分が学んだことを説明していくテクニックのことです。もともとは、プログラマーの世界でデバッグ（欠陥の修正）のために使われてきた有名な手法でした。

やり方は簡単で、**モニターの前に置いたアヒルのオモチャにコンピュータ・プログラムを指し示し、「このコードにはこんな意味があって……」など一行ずつ説明していきます。**はたから見れば異様な風景ですが、その効果は絶大。アヒルに説明するうちに頭の中が整理され、複雑な問題への解決策を思いつきやすくなるのです。

「ラバーダック勉強法」も基本は同じで、アヒルのオモチャに向かって「時や条件を表す副詞節では、未来に起きることは現在形を使って……」といったように、覚えたいことを説明すればOK。ノートや教科書などは見ずに、学んだことを思い出しながら説明していきましょう。

説明の相手は、アヒルのオモチャでなくても問題ありません。自分のペットにしゃべり

ティーチング・4つのテクニック

かけてもいいですし、モニターに表示させたアニメキャラに語りかけるのもいいでしょう。

好きなものを選んでください。

効果を疑う人もいるかもしれませんが、シンガポール国立大学による実験では、見知らぬ人物の写真に向かって勉強した内容を説明したグループは、複雑な概念への理解力が高まり、1週間後に行われたテストの成績も良い傾向がありました。ダマされたと思って試してみてください。

10歳児教授法

「教えるつもり勉強法」のバリエーションとして私もよく使うのが、「10歳児教授法」です。その名のとおり、**「この問題を10歳の子どもに伝えるにはどうすればいいだろう？」と考えてみるテクニック**で、いまも難しい本を読むときに使っています。

たとえば、消費税について学びたいとしたら、「ぼくたちが何かを買うときに一緒に国にも払うお金のことだよ。実はお金持ちのほうがトクをする仕組みになっていて、なぜなら……」のように、できるだけ噛み砕いた説明を考えていく訳です。

実際にやってみると、10歳の子どもにわかりやすく説明するのは、思ったよりも難しい作業です。専門用語はすべて言い換える必要がありますし、つねにシンプルな表現を心がけねばなりません。

が、それだけに効果は高く、理解が難しい問題でもポイントがスッと頭に入るようになります。実際に子どもに伝えなくてもいいので、とにかく「もっとシンプルな説明法はないか？」と考えてみるのが大事です。

ちなみに、わかりやすい説明には、大きく2つのポイントがあります。

1. 比喩表現を使う
2. 相手が知っている知識を使う

1つ目の比喩表現は、要するに「たとえ話」です。「酸化反応は電子がボールを投げ合っているようなものだ」や「電流は川の流れに似ている」といった感じで、難しい内容を日常的な現象になぞらえていきます。

比喩のパワーは強力で、複雑な概念がいきなり大きくつかめるようになります。これは、具体的な物事を比喩で抽象化したのが原因で、シンプルな地図を使えば、わかりにくい道でも見通しが良くなるのと同じです（もちろんこれも比喩です）。

2つ目は、向こうが必ず知っているであろう知識を使う方法です。10歳の女の子が相手なら「プリキュアだとしたら……」と人気アニメを引き合いに出してみたり、逆に年配の人には「長嶋監督が選手時代に天覧試合で打ったホームランに近いですね」などと言ってみるのが代表的な例でしょう。自分のよく知っている知識を例に取って説明されることにより、相手の理解度は格段に上がります。

もし相手の持つ知識がつかめないときは、そのときに世間で話題のニュースなどを使うのもいいでしょう。わかりやすい説明が必要になったら、以上の2つのポイントを思い出してください。

グループ・ゲーミング

「グループ・ゲーミング」は、仲の良い友人と互いに教え合う手法です。ひとりの友人を相手にしてもいいですが、グループで行うとさらに効果が高くなります。

具体的には、次のように実践してください。

1．適当な勉強期間を設定する（2~3日ぐらいが最適）

2．好きな参考書から仲間と教え合う範囲を決め、それぞれが個別に学習する

3．本番の日が来たら、参加者の全員に番号を割りふる（参加者が5人なら、各自に1~5までの番号をつける）

4．学習してきた参考書からランダムに問題を選ぶ

5．サイコロを振って出た数字の参加者が問題を説明する（2の目が出たら、2番の人間が説明する）

たとえば、数学の青チャートを使うなら、まずは全員で「3日後に第4章の『データの分析』を教え合う」と決め、当日までにすべての範囲を学習します。

続いて、本番の日が来たら「君は2番ね」などと各自の番号を決め、青チャートの第4

グループ・ゲーミングの実践法

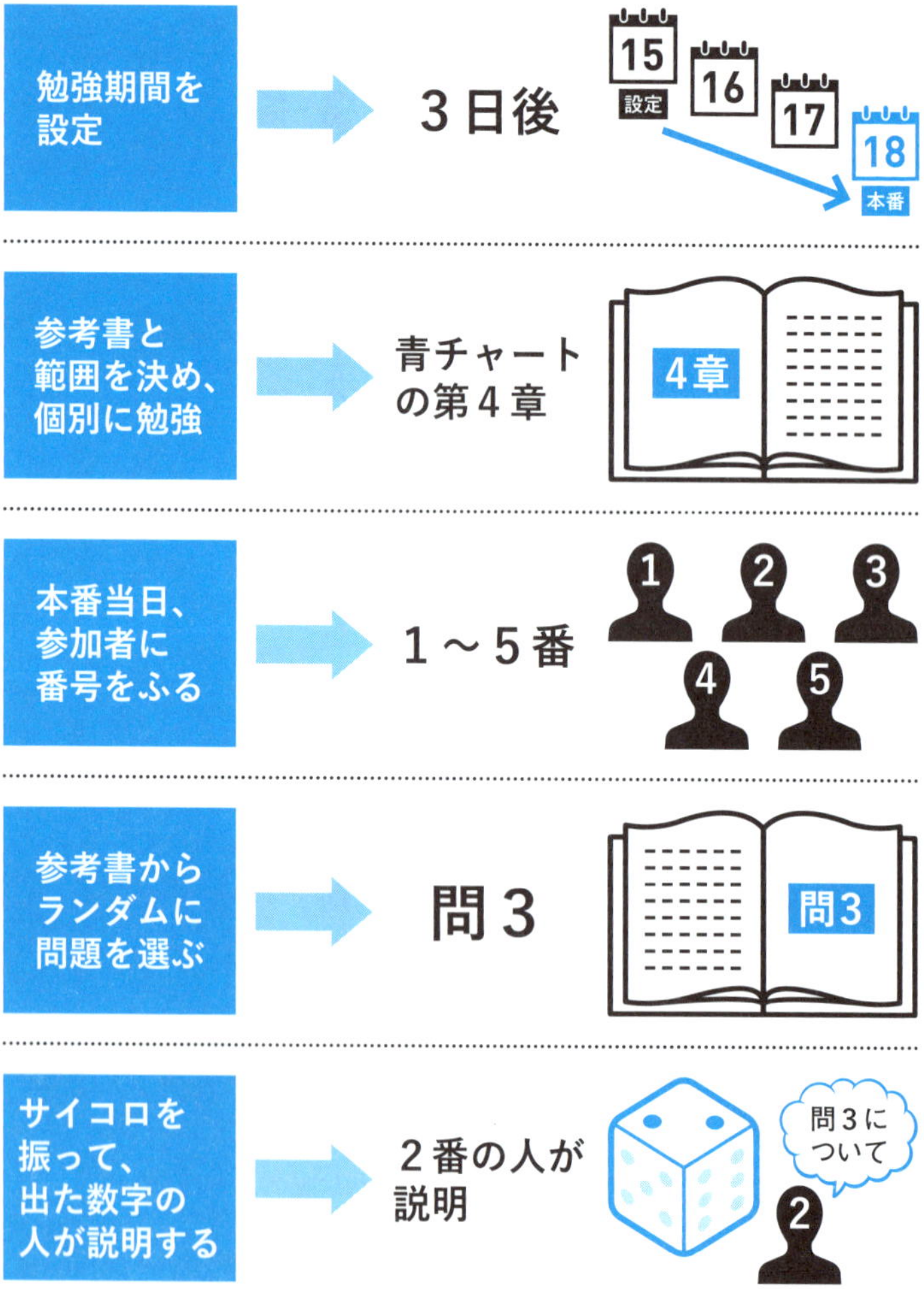

章からランダムに問題を抽出します。最後にサイコロを振って2が出たなら、2番に選ばれた人は、選ばれた問題を他のメンバーに解説します。首尾よく説明できたら、ゲームクリアです。

この手法を使うと、「すべての範囲を覚えなければならない」といった意識が働くため、自然と学習の緊張感が高まります。

と同時に「こんな質問が来たらどうしよう?」や「普通はどんなところに疑問を持ちやすいだろう?」のような思考で勉強に取り組むようになり、アクティブラーニングの効果も向上するのです。

勉強会のチャンスがあったら試してみてください。

Point

勉強した内容は「人に教えるつもり」で覚えることが効果的。子どもでもわかるように説明すると自分の理解力も上昇する。

再言語化テク3

イメージング

最後に「イメージング」も押さえておきましょう。**何らかのシーンを頭に思い描いて学習を促進するテクニック**の総称で、こちらも難しい問題への理解を進める働きを持っています。

実験で効果が確認された技法を、いくつか見ていきましょう。

イメージ・ディスカッション

頭の中で「架空の議論」を想像してみる勉強法です。

2017年、コロンビア大学が60名の男女にちょっと変わった実験をしました。全員に「架空の市長選」に関するシナリオを渡し、両候補の主張などを理解してもらったうえで、自分が気に入った候補者を応援するエッセイを書かせたのです。

ここで研究チームは、被験者を2つに分けました。

1）テレビの討論番組で、ふたりの候補が議論している様子を頭に思い描きながらエッセイを書く

2）両候補の主張やデータを読み込んでからエッセイを書く

この設定だけを見ると、データを読み込んでからエッセイを書いたグループのほうが成績が良さそうに思えるかもしれません。

しかし、結果は真逆でした。完成したエッセイを分析したところ、議論をイメージしたグループのほうが良い解決策を提案する傾向が強く、敵側の意見にも説得的な批判ができていたのです。

良い文章を書くには、たとえば都市計画の問題点のように、込み入った論点を理解する必要があります。つまり、**架空の議論を思い描いたグループは難しい問題への理解が深まり、総合的な判断ができるようになった**という訳です。

このような効果が得られるのは、**架空の議論が客観的な視点をうながすため**です。難しい問題に取り組んでいると、私たちの意識はどうしても細かいところばかりに向かい、やがて柔軟な考え方ができなくなっていきます。二次関数の問題を解くのに平方完成を使った方法しか考えられず、微分の可能性にまで頭がまわらないときなどは、同じような罠にハマっているのかもしれません。

ところが、**ここに架空の議論をイメージすると、問題を一歩引いたところからながめる感覚が生まれます。目の前の問題が良い意味で「他人ごと」になり、心に余裕ができたような状態です。**

心の緊張感が取れれば、自然と思考は柔軟性を取り戻していきます。その結果として問題の理解度も高まるのです。

このテクニックを勉強に使う場合、たとえば次のようなディスカッションをイメージしてみてください。

- **数学で複数の解法がある問題について、「どちらの解き方がよりスマートか？」を想像上**

イメージ・ディスカッション

◎

両候補が議論している様子を
頭に思い描きながら、
エッセイを書く

×

両候補の主張やデータを
読み込んでから、
エッセイを書く

の相手と議論してみる

・世界恐慌でイギリスが行ったブロック経済について、賛成派と反対派のディベート（討論）を空想してみる

いずれのケースでも、テーマに決着をつける必要はありません。頭の中で議論さえやれば効果は得られます。

ソロモン・イメージング

旧約聖書に登場する賢人ソロモン王は、深い知恵を持っていたのにプライベートでは失敗の多い人物として描かれています。賢人でありながら、自分の問題については客観的な視点を持てずにヘマばかりしていたのです。

「ソロモン・イメージング」は、そんなエピソードにちなんで考案されたテクニックです。その手法はとてもシンプルで、

他人の視点で問題を見つめる

・「もし親しい友人が同じ問題に取り組んでいるとしたら、どのように考え、どのような解き方をするだろう？」と考えてみる

というものです。

ある研究によれば、これだけで被験者は問題への理解を深め、総合的な判断を下せるようになりました。実に手軽で使いやすい手法だと言えるでしょう。

この効果にも、やはり客観的な視点が大きく関わっています。

「もし友人だったらどうする？」と思うことで、目の前の問題が他人ごとになって心の余裕が生まれ、最終的に理解レベルが高くなったという訳です。前述の「イメージ・ディスカッション」が面倒な場合は、こちらを試してみるのもいいでしょう。

パーソナライズ音読

「パーソナライズ音読」は、英語の理解力やスピーキングの能力を高めるために開発された手法。「英文の主人公を自分にして読む」ことで、難しい文章への理解を深めていくテクニックです。

たとえば、こんな英文があったとしましょう。

In 1974 Diana went on to her mother's old school, where her sisters were also students there. By then, their mother wasn't living London, but in Scotland. She was kind to Diana although they lived separately. She and her new husband, Peter had a large farm on an island. Diana was looking forward to visiting it and had some lovely holidays there.

これを「パーソナライズ音読」するには、文章の一部を以下のように変えて、声に出しながら読んでいきます。

In 1974 I went on to my mother's old school, where my sisters were also students there. By then, our mother wasn't living in London, but in Scotland. She was kind to me although we lived separately She and her new husband, Peter had a large farm on an island. I was looking forward to visiting it and had some lovely holidays there.

ご覧のとおり、文中の「ダイアナ」をすべて「I, my, me」などの「私」を表す表現に置き換えています。つまり、文章を個人化（パーソナライズ）した訳です。

ちょっと不思議な印象が強いテクニックですが、実は科学的には一定の評価が定まりつつあります。

一例として、兵庫大学が行った実験によれば、「パーソナライズ音読」を1日15分ずつ実践した学生は、普通の音読をしたグループよりも文法や内容の理解が10％近く高かったそうです。

パーソナライズ音読とは

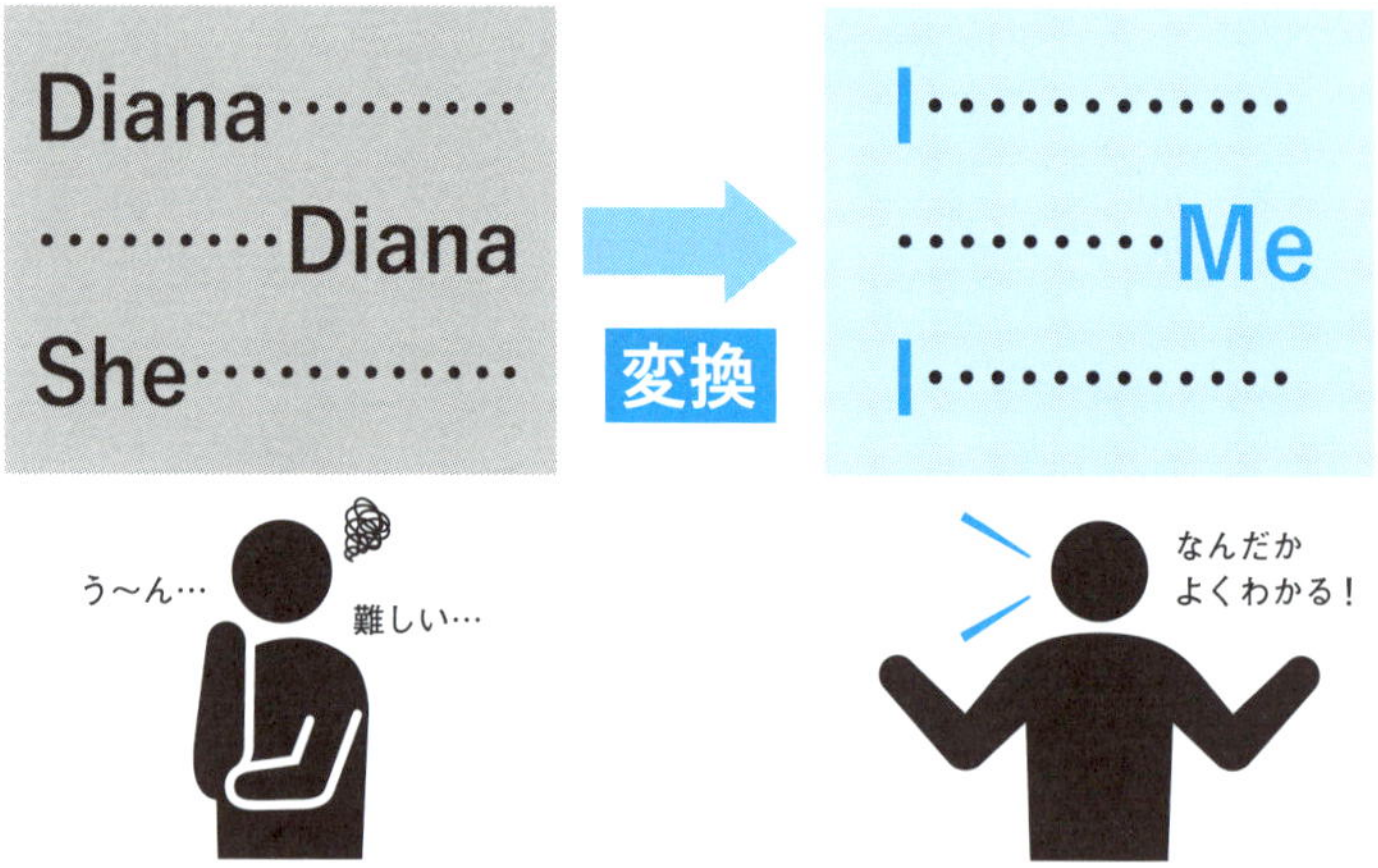

「パーソナライズ音読」が効果的なのは、文章の主人公を「私」に変換したおかげで、脳内にイメージが浮かびやすくなったからです。

誰だかわからない「ダイアナ」の話を読むよりも、自分の物語に変換したほうがわかりやすいのは当然の話でしょう。自分ごととしてイメージを浮かべやすい分、理解も進んで記憶の定着も高まっていきます。

さすがに数学や物理をパーソナライズするのは難しいですが、英語のほかにも、世界史や古文などの文系科目には応用しやすいでしょう。わかりにくい文章があったら、試しに「主語を自分に変えられないか？」と考えてみてください。

Point

イメージの力を使うと頭脳の働きは活性化する。主語を自分に置き換えて「自分の物語」として勉強しよう。

＊　＊　＊　＊

この章では多数の勉強法をお伝えしたため、情報量の多さに混乱してしまった方もいるかもしれません。しかし、今後「どんな勉強法がいいのだろう？」と迷ったとしても、決してあわてないでください。

何度も見てきたとおり、**科学的な学習において本当に大事なポイントはたった1つ、「アクティブラーニング」だけ**だからです。能動的に勉強に取り組む方法さえ見つかれば、どんな方法でも意味を持ち始めます。

つまり、最大のコツはつねに工夫することなのです。

「どうやったら、もっと簡単に覚えられるだろう？」
「どうやったら、もっと面白く覚えられるだろう？」

こうして、より簡単に学べる方法を考え続ければ、それは自動的にアクティブラーニングになります。この点さえ押さえれば、私がかつて参考書をバラバラにしたように、何をやっても構いません。

すべての学習をアクティブラーニング化しましょう！

第3章

学習効果を激しく高める！

「勉強前」7つのテクニック

Introduction

結果を出したければ、準備に時間をかけろ

前章では成果に直結する「効率的な勉強法」をいくつも紹介しました。

けれども実はまだ、あなたが学習の成果を大きく高めるために満たすべき〝ある条件〟が残されています。

第2章のアクティブラーニングだけでも効果は大きいものの、この条件を満たすと満たさないでは成果が大違い。集中力や記憶力に2倍もの差がつき、どんなに時間がない状況でも、学習の効果を最大限に引き出せるようになるのです。

果たして、どのような条件だと思われるでしょうか？

その答えは**「勉強前の準備」**です。

勉強法というと、誰もが「効率の良い問題の解き方」や「上手な情報のまとめ方」といった目の前の問題にばかり気を取られて、勉強に取りかかる前の準備段階には意識を向けません。

しかし、これは完全なる誤りです。**勉強の前から念入りな準備を行わないと、せっかくのアクティブラーニングも万全の効果が発揮できません。**

あなたのまわりに、どう見てもたいして勉強をしていないのに、つねに成績が良い人はいないでしょうか？　このような人たちは、単に効率の良い勉強法にくわしいだけでなく、準備の段階に時間をかけているケースが多いのです。

本当の勉強は、準備の段階からすでに始まっています。科学的に正しい「準備の原則」を見ていきましょう。

準備テク1

自己超越目標を持つ

勉強の時間が普通の生徒より2倍に増えた

自己超越目標とは、自分の身の丈を超えた大きな目的やゴールのことです。

「良い仕事につきたい」や「お金を稼ぎたい」などの目標は、あくまで自分の欲望を満たすための小さなゴールでしかありません。

一方で「恵まれない人を救う仕事につきたい」や「不公平な社会システムを変えるためにお金を稼ぎたい」ならば、それは自己超越目標です。

テキサス大学が、かつてこんな実験をしました。

まずは高校生の被験者に**「いまの社会の問題点を考えてみてください」**と指示し、続けて、**その問題に関して学校の勉強を活かす方法はないか**を考えさせます。

これに対して、ある生徒は「遺伝の勉強をすれば、作物の遺伝子を組み換えて生産量アップに役立つはず」と答え、また別の生徒は「世の中のトラブルを深く理解するには、まず公民のような社会システムの基本を学ぶ必要がある」と答えました。

その後、生徒たちの行動を調査したところ、彼らの行動には大きな違いが現れます。**「自己超越目標」について考えたグループは、スマホのゲームなどに費やす時間が減り、代わりに数学や科学の勉強に取り組む時間が2倍も増加しました。そしてその流れで、普通に勉強をした生徒よりも成績が上がったのです。**

実験で行われた「自己超越目標」のエクササイズは、ほんの50分程度にすぎません。それでも成績が上がったのだから驚きです。

自己超越目標でモチベーションの質が変わる

「自己超越目標」によって勉強の時間がのびたのは、モチベーションの質が切り替わったからです。

昔から、心理学の世界では「よく働く社員にボーナスをあげたら、逆に生産性が下がってしまった」という現象が確認されてきました。ボーナスの前までは自分の成長や目標の達成が楽しくて仕事をしていたのに、お金をもらったせいで目的が金銭に切り替わってしまい、作業のやりがいや充実感が下がったのです。

これは学習でも同じで、純粋に新しい知識を学ぶのが好きな子どもに「もっと勉強したらおこづかいをあげよう」などと言えば、最初はがんばるかもしれませんが、少しずつモチベーションは下がり、やがて勉強が嫌になってしまいます。

ところが、ここで「自己超越目標」について考えると、モチベーションの質が、良い方向に変わります。**「この知識を学べば他の人の役に立つかもしれない」といった感覚が生まれ、つまらない勉強に大きな意味が与えられるからです。**

「自己超越目標」を使うには、勉強前にこう考えてみてください。

1．世の中をもっと良くする方法はないだろうか？
2．いま勉強していることが、そのためにどう役に立つだろうか？

「世界が平和になるには？」といった大きな問題について考えてもいいですが、それが難しければ、身のまわりの気になることに思いをめぐらせましょう。「役所のムダな用紙が減ったら喜ぶ人も多いだろうなぁ」「満員電車を解消できるような方法はないかな？」「最近ポイ捨てがひどいよなぁ」など、小さな問題からちょっとだけ世の中を良くする方法を考えてみてください。

それでも**何も思いつかないときは、よりシンプルに「自分の価値観」を考えてみる**のも手です。たとえば、勉強の前にこう問いかけてみてください。

- **自分にとって、もっとも大事なものとは何だろう？**

自己超越目標とは

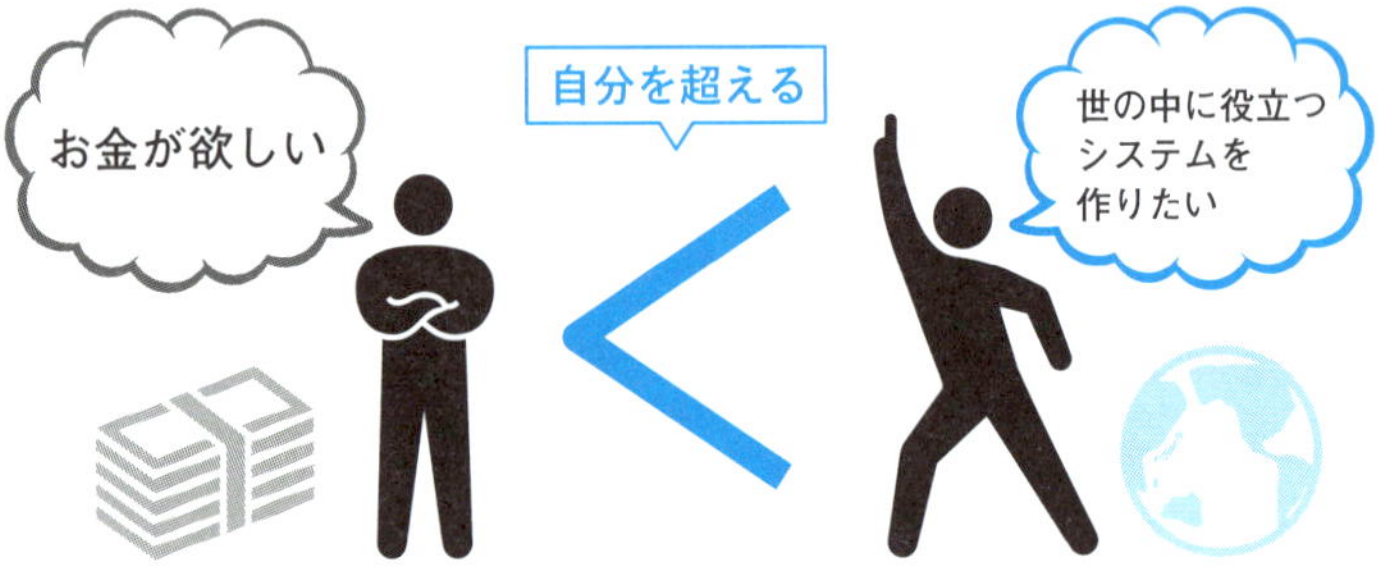

モチベーションアップ!!

まずは小さなことからでいいので、
ちょっとだけ世の中を良くする方法を考える。
何も思いつかないときは……

「自分の価値観」に向き合ってみる

「大事なもの」の内容は、人でもモノでも構いません。友人や家族を選ぶ人もいるでしょうし、「自由に生きる」といった信条を選ぶ人もいるでしょう。あなたが心から大事だと思えれば、なんでも好きな対象を選んで構いません。

社会問題のように大きな対象ではないですが、これも立派な自己超越目標の一種です。大事なものを思うことで意識が自分よりも大きなゴールに向かい、世の中の問題を考えることと同様に、あなたのモチベーションを上げてくれます。

いずれにせよ、**最大のポイントは「自分を超えた大きな価値」について考えること**です。

勉強前の10分でいいので、実践してみてください。

準備テク2

知っていることを書き出す

自分が覚えるべき内容を書き出してもダメ

新しい知識を学ぶのは楽しいことですが、同時にとても難しい作業です。

知らないジャンルの本を開いてみたら、まったく意味がわからず、心が折れそうになった経験は誰にでもあるでしょう。知らないことばかり書いてあれば、嫌になってしまうのが当然です。

そんなときに使ってほしいのが、**「知っていることを事前に書き出しておく」**というテクニックです。これはハーバ

ード大学が効果を確認した技法で、次のようなステップで行います。

1.「勉強の内容に関わりがありそうなことで、自分がすでに知っている知識は何だろうか？」と考える

2.思いついた内容をすべて書き出す

学習の前に「これから覚えるべき知識」を書き出す人は多いですが、本当に効果が高い方法は、実を言うとその真逆です。**「すでに自分の頭の中にある知識」を思い出したほうが、新しい情報を理解しやすくなり、記憶への定着率も高くなります。**

たとえば、電気の仕組みについて新しく学びたいとしましょう。ここで、何の準備もせずに「フレミング左手の法則とは……」などと書かれた教科書を読み始めても頭には入ってきません。

代わりに、勉強の前に「電気について知っていることは？」と考えてみます。

- **電池は電気を閉じ込めたような状態だ……**

- **冬にドアノブを触ったらビリッとしたことがある……**
- **カミナリは空から電気が落ちてくる現象だな……**

電気についてさんざん考えた後、あらためて参考書を開いてみたらどうなるでしょうか？「電荷は物体に蓄えられるから、これがドアノブでビリッとくる原因なんだな。カミナリは大気に電荷がたまった静電気の一種なのか」などと考えられるようになり、一気に理解が進みやすくなるのです。

新しい知識がスルッと頭に入る

もともと人間の記憶には、古い情報に新しい知識を結びつけながら覚える仕組みができています。すでに持っている情報を木の幹だとすれば、そこから枝葉を遠くまで伸ばしていくのが学習です。

新たに学んだ知識が古い情報と切り離されていると、私たちの脳はたいした反応を起こしません。あなたがすでに持っている「ドアノブに静電気がたまっている」といった知識に、「電荷は誘導体に蓄えられる」などの新たな情報が結びついた瞬間から、ようやく人間の記憶は働き出すのです。

私もつねに、古い知識と新しい知識の結びつきを意識しています。新たな本を読むときは、はじめに目次や参考文献、著者の略歴、グラフなどを簡単にチェック。それが「頭を良くする方法」についての本であれば、「運動と脳神経の関係など、脳の成長に関する情報が入っていそうだな……」とか「そういえばこの間、脳トレの効果を調べた論文を読んだな……」といった具合に、内容と関係がありそうな知識をできるだけ思い出していきます。

このひと手間だけで、まったく勘が働かないジャンルの本でもスルッと頭に入りやすくなるから人間の脳はおもしろいものです。すべての知識を思い出す必要はないので、頭の準備体操ぐらいの気持ちでやってみてください。

準備テク3
好奇心を刺激する

顔写真と記憶の関係

3つ目は、**記憶力が簡単に2倍もアップするテクニック**を紹介しましょう。

2014年、カリフォルニア大学が興味深い実験を行っています。研究チームは「初めて見た人物の顔写真」を覚えるように被験者へ指示を出し、その後で全体を2つのグループに分けました。

1．普通に顔写真を見ながら覚える

2．最初に「トリビアクイズ」を出し、その答えが出るまでの14秒間で顔写真を覚える

トリビアクイズは、ちょっとした雑学をベースにした問題のことです。この実験では、「ウインナーとソーセージの違いとは？」や「世界でもっとも長い駅名とは？」のように、思わず答えが気になってしまうようなクイズだけが選ばれました。

その後、しばらくしてから記憶テストを行ったところ、トリビアクイズを使ったグループは、普通に顔写真を覚えた被験者の2倍も上の成績を叩き出しました。記憶力の向上は翌日の再テストでも確認されており、どうやらトリビアクイズの効果は一瞬で消えてしまうようなものではないようです。

好奇心が記憶力をアップさせる

トリビアクイズで記憶力が上がったのには、好奇心が大きく関わっています。少しくわしく説明しましょう。

何か興味があるものに触れると、私たちは好奇心をかき立てられて、脳の中の報酬系と

報酬系を刺激する

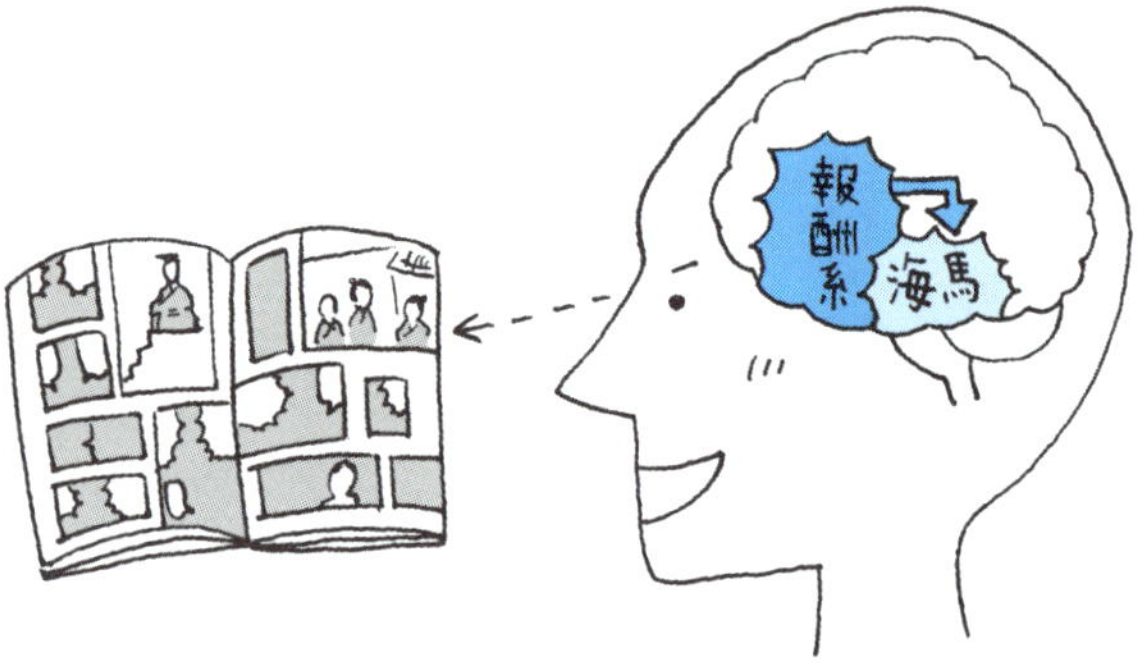

**興味があるものに触れると
脳の報酬系と海馬が刺激され、記憶力アップに**

呼ばれるエリアが活性化します。報酬系は人間のモチベーションをつかさどり、この働きが活発になるほどあなたのやる気はアップします。

加えて、脳の報酬系は海馬という部位に隣接しているのがポイントです。脳の各要素は近いエリアの活動に影響されやすいため、報酬系が激しく動き出せば、同時に海馬の働きも活発になります。

海馬は人間の記憶力に大きな役割を果たすエリアですから、まわりまわって、トリビアクイズをすると記憶力が倍になる訳です。

脳のメカニズムを知らなくても、興味

があるものほど記憶に残りやすいのは直感的にもわかりやすいでしょう。中国史にはまったく興味がないのに、歴史マンガのおかげで秦の時代だけは妙にくわしい、というようなケースはよくあります。

逆もまたしかりで、**人間は好奇心がそそられないものを覚えるのが大の苦手です。**

私もよく「記憶力がいいんですね」などと言われますが、何の興味も湧かないものはまったく覚えられません。たまにいただくドラマのお仕事を断っているのも、役者の仕事に関心がないせいで、台本がまったく記憶できないからです。

好奇心が長続きするものを選ぶのがコツ

先ほど取り上げた研究がおもしろいのは、好奇心によって、本来は興味がなかったはずの情報まで頭に入りやすくなる事実を明らかにした点です。「知らない人の顔写真を覚えろ」と言われて、好奇心を持てる人はまずいないでしょう。

もし目の前の勉強に興味が湧かなくても、その前の時間で好奇心を刺激するようなものに触れておけば十分。それだけで、味気なかった勉強が以前よりもスムーズに進むはずです。

勉強の前に触れておく対象は、あなたが興味を持てれば内容は問いません。ゲームでも漫画でもいいので、脳が喜びそうなものに5分ほど接してみれば記憶力アップのメリットが得られます。

しかし、**このテクニックの効果をさらに高めたいなら「好奇心が長続きするようなもの」を選んでみてください。**

たとえばスマホのゲームなどでも脳の報酬系は活性化されますが、その作用はとても短期的です。ステージをクリアしたり、目当てのアイテムを手に入れたりすれば、すぐに活性レベルは下がってしまうでしょう。その分だけ海馬への影響力も低くなり、記憶力アップ効果も薄れていきます。

好奇心を長続きさせるために大事なのは、どこかに「謎」の要素が入ったものを選ぶことです。

実験で使われたようなトリビアクイズでもいいですし、未解決事件の真相を追ったミステリー小説でもいいでしょう。ついつい答えが気になってしまう情報に、あなたの心は強くひきつけられます。人間の脳は、知識と知識の間の空白を埋めたいと願う根源的な欲求を持つからです。

そのため、勉強前に漫画を読むなら一話完結型の作品よりも、複雑で次の展開がわからないような作品のほうがいいですし、ゲームならシューティングゲームよりはパズル系のほうが好奇心が持続しやすくなります。

Point

「好奇心」を誘う工夫が脳の機能をアップさせる。毎日の勉強に「謎」の要素を加えてみよう。

準備テク4

音楽を正しく使う

BGMは勉強のジャマにしかならない

勉強中に音楽を聴くのは一般によく行われる行為です。好きな音楽を聴かないと勉強がはかどらないように感じている人も多いでしょう。

残念ながら、これは科学的には間違った方法です。**勉強中のBGMは効率を上げるどころか、勉強のジャマにしかなりません。**

グラスゴー・カレドニアン大学の実験では、被験者を4種類の部屋に入るように指示しました。

1．テンポの速いＢＧＭが流れている部屋
2．ゆったりしたＢＧＭが流れている部屋
3．環境音が流れている（話し声や車のエンジン音など）部屋
4．完全な無音の部屋

その状態で全員に認知テストを行ったところ、ＢＧＭを聞きながら回答した被験者は成績が大きくダウン。テンポが速い曲ほど頭の働きはにぶり、能力の低下が見られなかったのは、完全に無音の状況で問題に取り組んだグループだけでした。

ＢＧＭで脳の働きが下がってしまう現象はほかの実験でも確認されており、どのような曲でも学習には悪影響が出るようです。**どんなに好きな曲を聴こうがテストの成績は下がるため、結局は無音状態がベストなのです。**

ＢＧＭは脳の負担が大きすぎる

この現象は、専門的には「無関連音効果」と呼ばれます。

BGMは脳の負担になる

脳は2つの情報を処理しなければならず、作業効率が下がる

目の前の作業とは関連がない音が耳に入ると、あなたの脳はついそちらのほうへ引き寄せられ、メロディやリズムのパターンを理解しようとがんばり始めます。このとき脳は2つの情報を同時に処理しなければならず、負担が増えすぎたせいで学習の能力が下がってしまう訳です。

これは読書でも同じで、やはり本の情報と音楽の情報がぶつかり合って理解度は下がります。歌詞がある曲はとくに影響力が強く、メロディ、歌詞、本の内容という3つの要素を脳が同時に処理できず、さらに作業効率が下がります。

読書中のBGMも止めたほうがいいでしょう。

そう言われても、すぐに納得できないかもしれません。

「BGMで勉強が進んだ」という体験をしたことがある人は少なくないはずです。実験では真逆の結果が出ているのに、なぜみんなBGMを使うのでしょうか？

答えは単純で、音楽はあなたの気分を改善させるからです。

好きな曲を聴くと、ヒトの脳内にはドーパミンやアドレナリンといった物質が増加します。どちらも人間のモチベーションや活力に関わる脳内ホルモンで、私たちのテンションを一気に上げてポジティブな気分に変えてくれます。

しかし、この段階ではあくまで気分が良くなっただけ。**脳の働きまで向上した訳ではないのですが、前向きな感情になったせいで、まるで作業効率まで上がったように勘違いしてしまうのです。**

学習効率を上げる最強の音楽の使い方とは？

基本的にBGMは勉強の敵ですが、音楽を使って学習効率を上げる方法が1つだけあります。イギリスのウェールズ大学が編み出した、「ミュージック・ウォームアップ・テクニック」です。

1．勉強の10分前までに好きな曲を聴く
2．音楽を止めて勉強を始める
3．勉強の休憩中にまた好きな曲を聴く

このくり返しで学習を進めれば、音楽のメリットを最大限に活かせます。勉強の直前まで好きな曲を聴いたせいで気分がポジティブになり、その勢いを保ったまま作業に取り組めるからです。

この事実を知ってから、私も作業中のBGMは完全に止めて、直前に好きな曲を聴くだけにしました。読書や勉強の間

ミュージック・ウォームアップ・テクニック

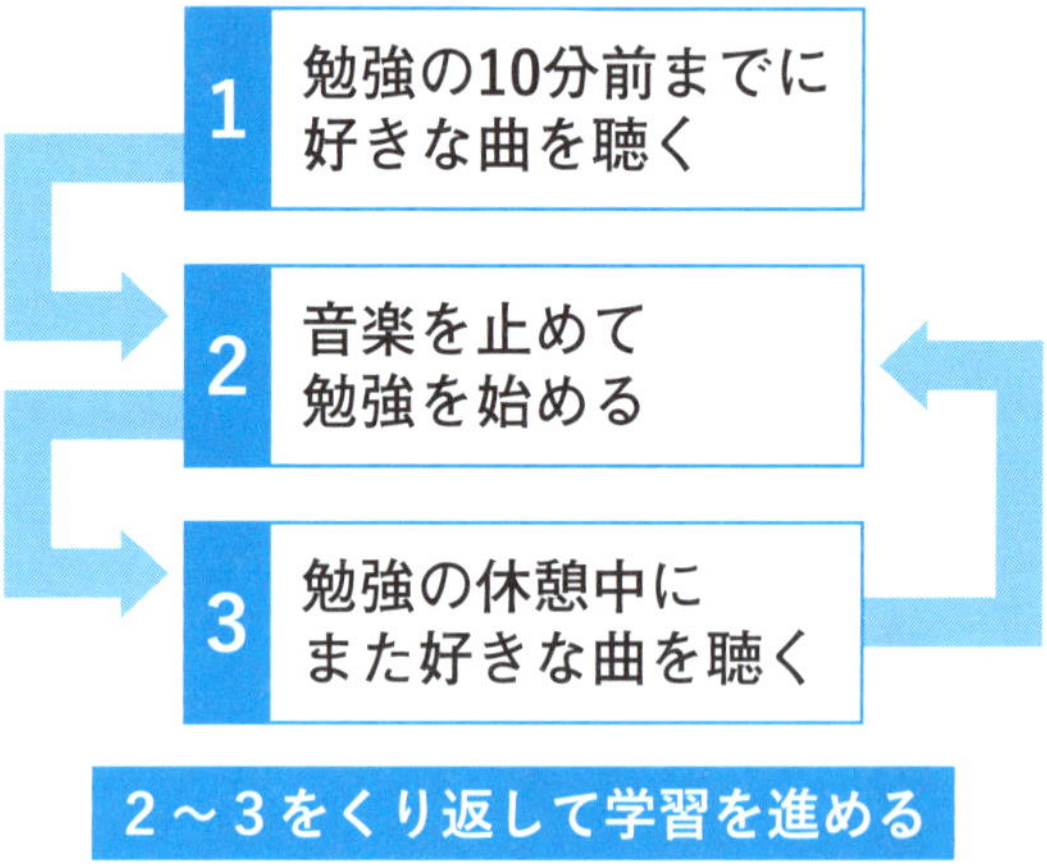
1
勉強の10分前までに好きな曲を聴く
2
音楽を止めて勉強を始める
3
勉強の休憩中にまた好きな曲を聴く
2～3をくり返して学習を進める

は高性能なノイズキャンセリング・ヘッドホンを着け、環境音も完全にカットしながら作業しています。

BGMがないと最初は物足りなく感じるかもしれません。しかし、慣れれば確実にあなたの集中力はアップします。耳せんなどを使えばいいので、勉強のジャマをする環境音をできるだけ取りのぞいてください。

自然音だけは脳の注意力を上げる

先ほど「環境音」を聞いても脳のパフォーマンスは下がるとお伝えしました。人間の脳はノイズに敏感なので、ちょっとした話し声や車のエンジン音などでも簡単に注意がそれてしまいます。

が、ここには大きな例外があります。**風の音や鳥の鳴き声といった「自然音」なら、逆に人間の注意力は上がるのです。**

自然音の効果を調べた実験では、小川の流れる音やコオロギの声を5分ほど聴いた被験者にはすぐにリラクゼーション反応が起き、集中力テストの成績も上がりました。この効果は日ごろからストレスが多い人ほど高かったため、勉強前にイライラしたときなどは、自然音を流したほうが集中しやすくなるでしょう。

自然音の特長は、人間にとって程良い集中力を保つのに役立つ点です。

私たちの脳は、リラックスしすぎると気がゆるんで注意力が続かなくなりますし、逆に興奮が大きすぎれば集中しすぎて視野がせばまってしまいます。その点、**自然音は人体のリラックスと興奮のシステムへ同時に働きかけ、両者のバランスを適正に調整する作用を持つ**ようなのです。

いまでは自然音を聞けるアプリも無料でたくさん公開されています。適当なものをスマホにダウンロードして、勉強中に流せるようにしておくといいでしょう。

Point

音楽を聴きながら勉強してはいけない。「無音」や「自然音」で学習できる環境を手に入れよう。

準備テク5

戦略的リソース利用法

学習のポテンシャルを最大限に引き出す7つのステップ

もともと能力が低い訳ではないのに、テストの結果だけはいつも決まって悪いという人がいます。参考書の内容はすぐに理解できるにもかかわらず、なぜか成績には結びつかないのです。

このタイプの人は、勉強の準備段階でミスをしている可能性が大。勉強前の過ごし方をちょっと変えるだけで、大きく飛躍するポテンシャルを秘めています。

「戦略的リソース利用法」は、そんな持ち前の能力をうまく発揮できない人に向けてスタンフォード大学が開発したテクニックです。

ここでいう「リソース」とは、たとえば次のようなものを指します。

- **学生の場合……教科書、参考書、オンラインの学習サイト、教師、勉強ができる友人**
- **ビジネスパーソンの場合……資料、データ、上司、仕事に関わる人脈、ビジネス書**

ざっくり言えば、問題を解決するのに役立ちそうな手段・データ・人間関係は、みんな「リソース」としてとらえて構いません。**これらのリソースのどれを使うかをよく考え、前もって細かい取り組み方を決めておくのが「戦略的リソース利用法」です。**

このように言うと、中には「すぐに勉強に取りかかったほうがいいのではないか？」と感じる人もいるかもしれません。ただでさえ時間がないのに、いちいち参考書の使い方など考えていられないと思うのが普通でしょう。

が、その考えは捨ててください。

戦略的リソースとは

リソース ＝資産・資源

戦略的リソースとは、問題解決に役立ちそうな
手段・データ・人材などすべて

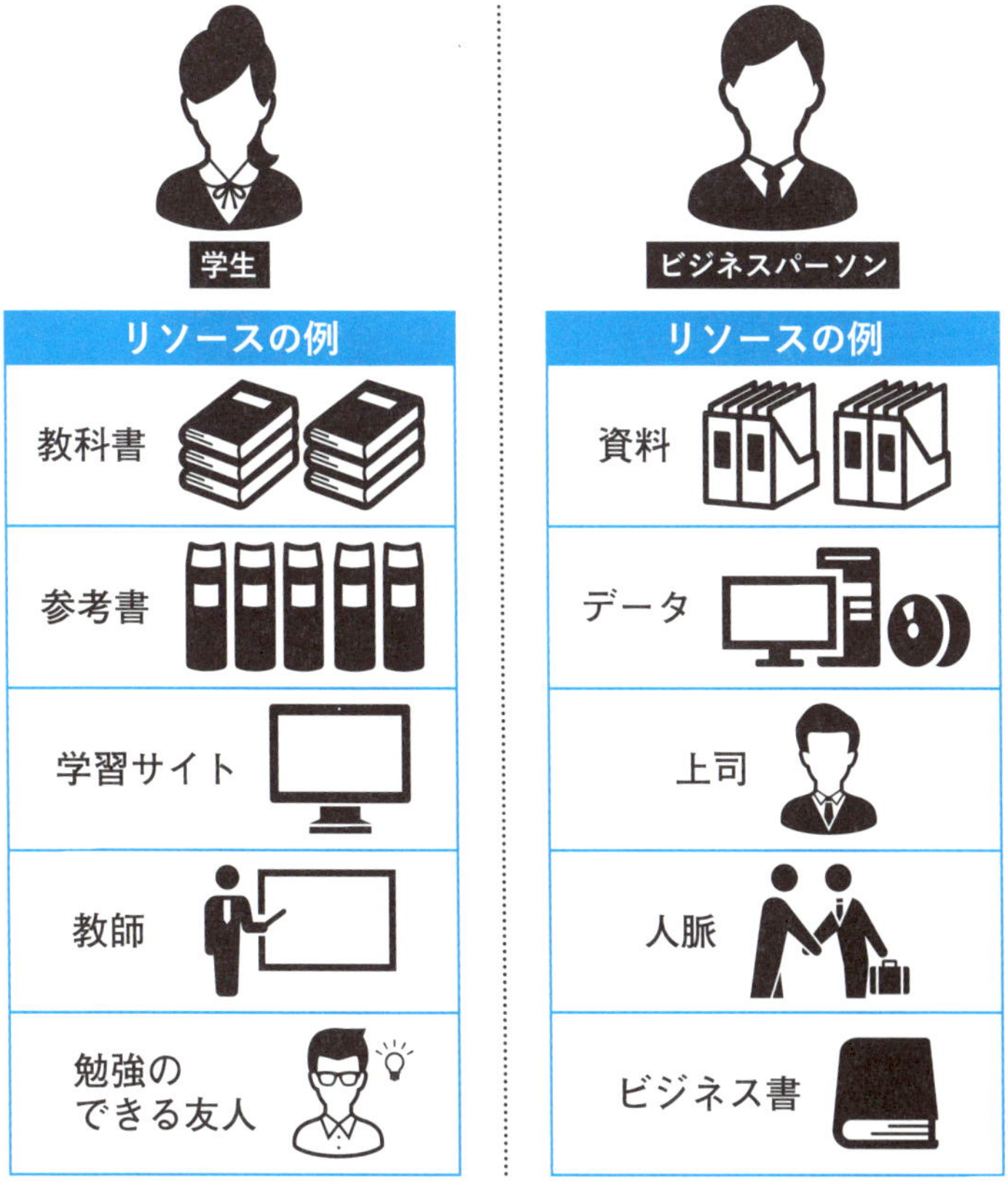

皆さんは、初めて訪れる国に旅行するとき、どのような行動を取るでしょうか？

何も考えずに飛行機に飛び乗り、ぶっつけ本番で現地をうろつく人はまずいないはずです。その代わりに、前もって希望のアクティビティをリストアップし、いくつかのガイドブックやサイトを比較し、どの順番で観光地をまわるかを念入りに決めておくのが普通でしょう。

勉強も同じです。新しい知識を学ぶのは、見知らぬ土地に初めて行くのと同じこと。どちらも事前にプランを立てなければ効率は上がらず、貴重な時間をムダにする結果に終わります。

勉強の時間を増やすだけでは意味がなく、本当に大事なのは、限られたリソースをいかに使うかを戦略的に考えることです。時間がないときほど、事前の準備に時間を使ってください。

「戦略的リソース利用法」の7ステップ

「戦略的リソース利用法」は、次の7つのステップで行います。

■**1：成績判断**　まず勉強前に「テストでどれくらいの成績が欲しいか？」を紙に書き出します。

■**2：重要度測定**　その成績が自分にとってどれだけ重要かを100点満点で採点します。「今回はまあまあの点でしのげればいい」なら60点ぐらいでしょうし、「次のテストは内申に響く」なら100点に近くなるでしょう。

■**3：自信測定**　その成績を取るのにどれくらいの自信があるかを100点満点で採点します。100点は「間違いなく目標点を取れるレベル」で、0点は「完全に不可能なレベル」です。

■**4：問題推測**　テストにどんな問題が出そうか予想して紙に書き出します。「これは間違いなく出るだろう」と思うものを2〜3問ほど選んでみましょう。

■**5：資料抽出**　資料や参考書から勉強に使えそうな箇所を、最大15個まで絞り込んで紙に書き出します。参考書1冊を「1つ」としてカウントするのではなく、参考書の特定のページやセクションを抜き出してください。

■**6：理由判定**　その資料や参考書が「使える」と思った理由を紙に書き出します。「この参考書は解説がわかりやすい」や「問題のバリエーションが多いから」のように、その資料が自分にとって重要な理由を考えてください。自分に対して「なぜこの参考書を選んだのだろう？」や「この資料は他とくらべてどこが大事だと思ったのだろう？」といった質問をするとわかりやすいでしょう。

7：使用法判定

その資料や参考書をどのように使うつもりかを紙に書き出します。「この参考書は基本的な解説がうまいから最初に精読しよう」「この問題集は応用編が充実しているから、そこだけ重点的にやろう」など、テキストを使う順番や取り組み方をざっと考えてみてください。

そして「この分野は友人のA君がくわしいので一緒に勉強してわからないことを聞きながらやろう」など、人間関係のリソースなども使うことを考えてみましょう。

難しく手間がかかりそうな印象があるかもしれませんが、「戦略的リソース利用法」にそこまでの時間を割く必要はありません。

スタンフォード大学の実験では、**1日15分ずつ事前に計画を立てただけでも被験者の成績は上がり、さらにストレスレベルも大幅に低下しました。**実験に参加した学生は、みな必要な資料や参考書の使い方がうまくなり、これが成果につながったようです。

戦略的リソース利用法・7つのステップ

ステップ1 成績判断	100点	「テストでどれくらいの成績が欲しいか？」を紙に書き出す
ステップ2 重要度測定	60点	その成績が自分にとってどれだけ重要かを100点満点で採点
ステップ3 自信測定	80点	その成績を取るのにどれくらいの自信があるかを100点満点で採点
ステップ4 問題推測	Q.――― Q.――― Q.―――	テストにどんな問題が出そうか予想して紙に書き出す
ステップ5 資料抽出	A――― C――― E―――	資料や参考書から勉強に使えそうな箇所を紙に書き出す
ステップ6 理由判定	理由――― 理由―――	その資料や参考書が「使える」と思った理由を紙に書き出す
ステップ7 使用法判定	資料は――― 参考書は―――	その資料や参考書をどのように使うつもりかを紙に書き出す

同じような能力を持ち、同じような努力をしていても、戦略的な思考があるかないかで結果は大きく変わります。1日15分だけ、勉強前にプランを立ててみましょう。

「戦略的リソース利用法」はビジネスに応用できる

「戦略的リソース利用法」は、ビジネスの場でも活用できます。具体的には、次のように行ってください。

1．仕事前に、どのような成果が欲しいのかを紙に書き出す

2．その成果が自分にとってどれくらい重要かを100点満点で採点

3．その成果をあげるのにどれくらい自信があるかを100点満点で採点

4．その仕事ではどのような問題が起きそうか？　どのような成果が求められるのか？を考えて紙に書き出す

（どういったマーケティングが必要か？　どんな販売法が必要か？　など）

5．その課題を解決するのに役に立ちそうな資料、データ、人脈、ビジネス書を最大15個

まで絞り込んで紙に書き出す
6．なぜその資料やビジネス書が役に立つと思ったかを紙に書き出す
7．その資料やビジネス書をどのように使うつもりかを紙に書き出す

このような手順をふむと、

「自社の商品は質がいいが広告の不備で成功していない。ということは、広告をうまくまわすためにコピーライティングの技術やマーケティングのデータが必要なのだ」

といったように、目の前の問題点と解決までのロードマップが見えてきます。

おおまかな方向性がわかれば、「ネット広告に金を使う前に良いキャッチコピーを考えねば」など優先順位もつけやすくなるでしょう。

正しい努力の仕方が、はっきりする訳です。

準備テク6

自然の力で集中力を倍にする

週1の自然で集中力が倍加する

140ページの「音楽を正しく使う」でも触れたとおり、自然には私たちの集中力を最適化させる作用があります。**どうしても勉強に集中できないときは、自然のパワーを借りて効率をアップさせましょう。**

自然音のアプリを使うもよし、勉強机の上に小さな観葉植物を置くもよし。毎日の勉強に自然を取り込む方法はいろいろですが、ぜひ試してほしいのが、木々にかこまれた環境で勉強することです。

植物が多い公園、近所の河川敷、観葉植物をあしらったカフェ……。どのような場所でも構いませんが、**普段よりも自然が豊かな場所で勉強すると、なんと集中力が2倍になる**という実験結果があるのです。

2018年、イリノイ大学が300人の児童を集め、2つのグループに分けました。

1．自然が多い公園で週に1回だけ授業する
2．タブレットや電子黒板のような近代的な設備がそろったクラスルームで、週に1回だけ授業する

子どもは基本的に外ではしゃぐものです。アウトドアで授業などしたらまともな勉強にならないと思いがちですが、10週間後の調査結果は大違いでした。教師たちが「生徒たちの集中度」を授業ごとに採点したところ、自然の中で授業をした子どもは普通のクラスにくらべて集中力が2倍も上がっていたのです。

さらにすごいことに、この変化はいつもの教室に戻った後にも確認されました。自然の中で勉強をした子どもは、その後1週間を通して高い集中力をキープし続けたのです。

自然のメリットを得るには週1回だけでも十分。日曜日などに緑が多めな公園で勉強すればあなたの集中力は倍になり、以降の曜日も、気をそらさず学習に取り組みやすくなります。

もちろん、チャンスがあれば週1と言わず、毎日やっても構いません。時間が空いたときに自然学習ができるように、あらかじめ近所の公園や河川敷などをチェックしておくといいでしょう。

勉強前の裸足ウォーキングでワーキングメモリが高まる

私も自然のパワーを借りるケースが増えており、最近は朝になったら近所の森に出向いて本や論文を読んでいます。4時間ぐらい本にのめり込む場合もありますが、ほとんど疲労を感じずに集中力をキープできるから不思議なものです。これも自然の力のおかげなのでしょう。

ここでさらにおすすめなのが、**勉強の前にいったん裸足になり、軽く芝生や土の上をウ**

ォーキングしておくことです。

これはノースフロリダ大学が編み出したテクニックで、芝生の上を裸足で軽く走った被験者は、シューズで走ったグループと比較して、その後のワーキングメモリ・テストの成績が16％高くなりました。

ワーキングメモリは短期的に情報を処理する脳の機能のことで、たとえば日常的な会話をスムーズに進めたり、一時的に買い物リストを覚えておいたり、暗算をするときなどに使う能力です。

作業机にたとえるなら、ワーキングメモリは「天板の広さ」です。机が広いほうがたくさんの書類や資料を並べられるので、作業がしやすいのは当たり前でしょう。

逆に、小さな机を使うと資料を置くスペースが狭くなり、引き出しからいちいち書類を取り出さねばならず、どうしても作業スピードは遅くなってしまいます。これが、ワーキングメモリの機能が低い状態です。

そのため、すばやい判断が必要な場面ほどワーキングメモリの高さが欠かせません。事実、この機能が高い学生ほど成績が良い傾向も報告されており、勉強に対する重要性は疑いようがありません。

ワーキングメモリとは

ワーキングメモリ ＝ 短期的に情報を処理する脳の機能のこと。たとえるなら、机の天板のようなもので、広ければ広いほど、処理能力は大きくなる。

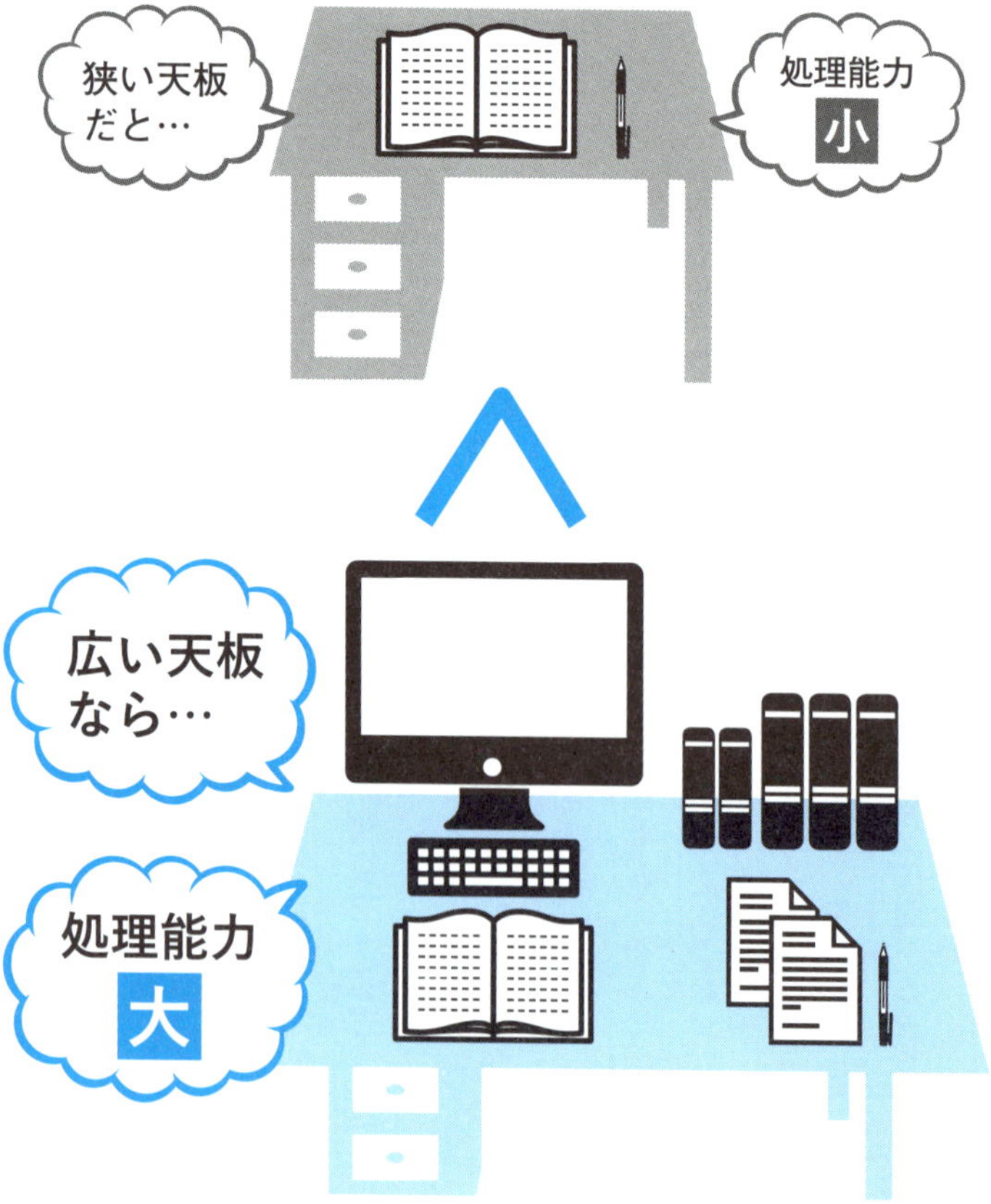

裸足でワーキングメモリが高まる理由は定かではないものの、人間の足の裏には敏感な神経が集まっているため、靴を脱いだほうが「自然」をクリアに感じられるからだと考えられます。

足の裏が汚れてしまうのが嫌な方も多いかもしれませんが、間違いなく試す価値はあるでしょう。

かわいい動物でも集中力は上がる

自然に触れる機会がない人にも試しやすい手法も紹介しておきます。それは、「かわいい子猫と子犬の写真を見る」というテクニックです。

意外と見過ごされがちですが、犬や猫などの動物も、人間にとっては「自然」を感じさせる重要なファクターの1つ。**動物を見たときも私たちの脳は大自然を感じ、やはり集中力が程良い状態にキープされます。**

実証研究も豊富で、ある実験では、かわいい子猫と子犬の写真を見た学生は、その後に行った集中力テストの成績が上がり、タスクをより正確にこなしたとか。データによれば、細かい注意力が必要な状況であればあるほど、かわいい動物の写真は効果が出やすいようです。

細かい計算が必要な数学の問題や、歴史のディテールを覚えねばならない場面などで使ってみてください。

準備テク7

ピアプレッシャーでやる気を出す

「仲間からの圧力」を利用する

人間の集中力はうつろいやすいもの。とくに勉強は脳の負荷が高いため、すぐに気が散ってしまうでしょう。

そこでうまく使ってほしいのが「ピアプレッシャー」です。「仲間からの圧力」を意味する言葉で、日本では好ましくない現象を説明するときによく使われます。

- 上司が残業をしているから帰れずにムダな仕事をする
- まわりが違う意見なので反対の提案を出しづらい

・クラスの人気者がバカにした子を一緒になっていじめる

要するに「みんながやっているから自分もやる」といった心理を指しており、この例だけ見るとネガティブな印象が強いかもしれません。

しかし、**周囲に流されやすい気持ちは、良い方向に使うこともできます。**「ピアプレッシャー」には、悪玉と善玉の2種類があるからです。

先の事例で見たとおり、悪玉は集団に合わせることで生産性が下がり、ときに悪意につながってしまうタイプの圧力です。逆に善玉のピアプレッシャーは、

・まわりががんばって勉強をしているから、自分もやらなければ
・誰もゴミを捨てていないので、ポイ捨てはひかえないと

このようにポジティブな行動を増やす方向に働きます。飲食店のトイレなどで、よく「いつもきれいに使ってくれてありがとうございます」などと書かれた貼り紙を見かけますが、これも「良いピアプレッシャー」の効果を狙ったものです。

周囲の圧力でセルフコントロール能力が倍になる

ここ数年の研究により、人間のセルフコントロール能力は、「ピアプレッシャー」で簡単に向上することがわかってきました。

たとえばコロラド大学の実験では、4歳の子どもたちをマシュマロが置かれた部屋に誘導し、そのうえで「しばらくマシュマロを食べずにがまんできたら、後でもう一個あげるよ」と伝えました。

この際に、研究チームは子どもたちを2つのグループに分けています。

1. 普通にマシュマロをがまんさせる
2. 「ほかの子はマシュマロをがまんできたよ」と伝える

もちろん「ピアプレッシャー」が使われたのは2番目のグループです。**「ほかの子もできた」という圧力で、行動がどれくらい変わるのか**を確かめています。

結果は、研究チームも驚くレベルでした。ピアプレッシャーをかけられた子どもは、そ

ピアプレッシャーを使った実験

マシュマロをがまんできる確率が2倍に

うでない子どもにくらべてマシュマロをがまんする確率が2倍もはね上がったからです。

言うまでもなく、セルフコントロール能力がなければ、勉強の最中に気がそれたとき、すぐに参考書へ意識を戻せなくなります。

学習の集中力をキープし続けるために必須の能力がいとも簡単に上がってしまうのだから、試さない手はないでしょう。

モチベーションが高い人の中に身を置く

ピアプレッシャーを勉強に活かしたければ、**「熱心に勉強している人が多い場所に行く」**のも手軽でいい方法です。

自宅や学習室で参考書を開くのもいいですが、これだとどうしても脳が周囲の環境に慣れ、少しずつ集中力は下がってしまいます。**慣れ親しんだ環境では、私たちの脳は「サボっても問題はない」と考えがち**だからです。

そこで、「ピアプレッシャー」の出番です。試験勉強にはげむ生徒が多い図書館、レポートに取り組む大学生がつどうカフェなど、モチベーションが高い人で混み合う場所を選べば、自然とあなたの集中力も高まっていきます。

逆に言えば、客同士が楽しく語り合っているような店は集中力アップには不向きなので、あらかじめ熱心な学生やビジネスパーソンが集まりやすい店などをチェックしておくといいでしょう。

もう1つ、ピアプレッシャーで集中力を高めたいなら、**「勉強ができる友人を増やす」**のも良い方法です。

もともと心理学の世界では、**「人間の生産性は仲間の影響を強く受けやすい」**という事実が知られていました。かつてハーバード大学が行った実験によれば、仕事量が少ないビジネスパーソンを生産性が高い同僚の隣に座らせたところ、たちまち作業の効率が17％もアップしたそうです。

一方で仲間の影響力は悪いほうに働くこともあり、ネガティブな人間が近くにいるだけで生産性は大きく下がり、プライベートの人間関係まで壊れやすくなってしまうこともわかっています。かくも私たちは、仲間の影響を受けやすい生き物なのです。

この問題をふせぐには、ピアプレッシャーを正しく使うように意識するしかありません。ネガティブな友人は遠ざけ、勉強ができる仲間の中に可能なかぎり身を置きましょう。

Point

意志の弱い人は「同調圧力」を上手に利用しよう。「意識の高い人」の多い場所に出向いて勉強すればうまくいく。

第4章

記憶の残り方が変わる！

「勉強後」5つのテクニック

Introduction

成績の良い人は、勉強後に脳を使わない

テストで良い成績を取りたいなら、記憶を定着させるだけでは意味がありません。頭に入った情報を、「使える知識」に変えていく必要があります。

受験生は、基本の勉強で培った知識を自在に応用できなければいけませんし、ビジネスパーソンなら資格で得たスキルを問題解決に活かす能力が欠かせません。**知識をため込むだけでは成果を出すことは不可能です。**

果たして、「使える知識」を養うためにはどうすればいいのでしょうか？

その答えは、**〝勉強後〟の過ごし方**にあります。

参考書の基礎問題を解いた後や、集中して授業を受けた後、情報を頭に取り込んでから

の時間をいかに使うかで、あなたの応用力は大きく変わっていきます。
くわしい時間の使い方は後で説明しますが、本章のポイントをひとことで言えば、

・勉強後は「脳を使わない活動」をする

ということになります。

勉強が終わった後に「また同じ問題で間違ってしまった……」とか「明日はあの単元をやらないと……」などと思い悩むのではなく、いったん学習から完全に頭を切り離すように心がけてください。このステップをはさまない限り、高い応用力は身につきません。

脳の2つのモードを切り替えよう！

なぜ、勉強後に頭を切り離す作業が必要なのか？　それはすでにご紹介したように、私たちの脳が、2つのモードを使いつつ情報を処理しているからです。

- **集中モード：1つの情報だけに意識が向かい、必死で知識を取り込もうとする状態**
- **緩和モード：脳がリラックスし、頭の中にある複数の情報を結びつけようとする状態**

学習の成果を出すには、両方のモードが必要になります。

たとえば歴史の勉強なら、まずは集中モードで「1919年にパリ講和会議があった」など特定の情報を吸収します。続けて頭を緩和モードに切り替えると、無意識のうちに発想が広がり始め、「パリ講和会議って日英同盟の解消の原因になっているな……」「中東問題ともつながっているな……」というように、別々の知識が頭の中で次々につながっていきます。**緩和モードのおかげで、学んだ情報が点から線になり、より応用が利く知識へと生まれ変わるのです。**

物知りなのになぜか成果を出せないような人は、学習の後も緩和モードに切り替えられず、脳をフル回転させ続けているケースがよくあります。これでは脳がリラックスできず、いつまでたっても点は点のままです。

つまり、勉強で成果を出せるかどうかは適切な緩和、つまり集中した後に取る休息の質にかかっているのです。

本章で、**緩和モードのパワーを限界まで引き出すテクニック**をご紹介しましょう。

緩和テク1

報酬つきの昼寝

10分の昼寝でも脳は回復する

昼寝が怠惰の象徴と考えられて評判が悪かったことなど、いまや昔話です。近年では「パワーナップ（効果的な昼寝）」なる言葉も広まり、立派な生産性アップのテクニックとして市民権を得つつあります。Googleやナイキといった名だたる企業が、昼寝を推奨しているのも有名な話です。

その有効性を示したデータも多く、ざっと次のメリットが確認されています。

- **10〜20分の昼寝**　認知機能の向上に役立ち、集中力や生産性がアップする
- **30分の昼寝**　浅い眠りの状態に入るため、疲労の回復などにも効果が出る
- **40〜60分の昼寝**　いまだデータ不足の段階だが、全身がリフレッシュし、いったん下がった脳機能がもとの状態に戻る

まだまだ追加の研究は必要ながら、基本的に昼寝のメリットは疑いようがありません。ほんの10分ほどの睡眠でも、人間の脳は大きく回復します。

自分へのごほうびと昼寝を組み合わせる

ここでは、数ある仮眠テクニックの中でも、とくに学習の成果を出すのに役立つ**「報酬つきの昼寝」**を紹介します。昼寝に自分へのごほうびを組み合わせ、長期記憶を高める手法です。

報酬つきの昼寝

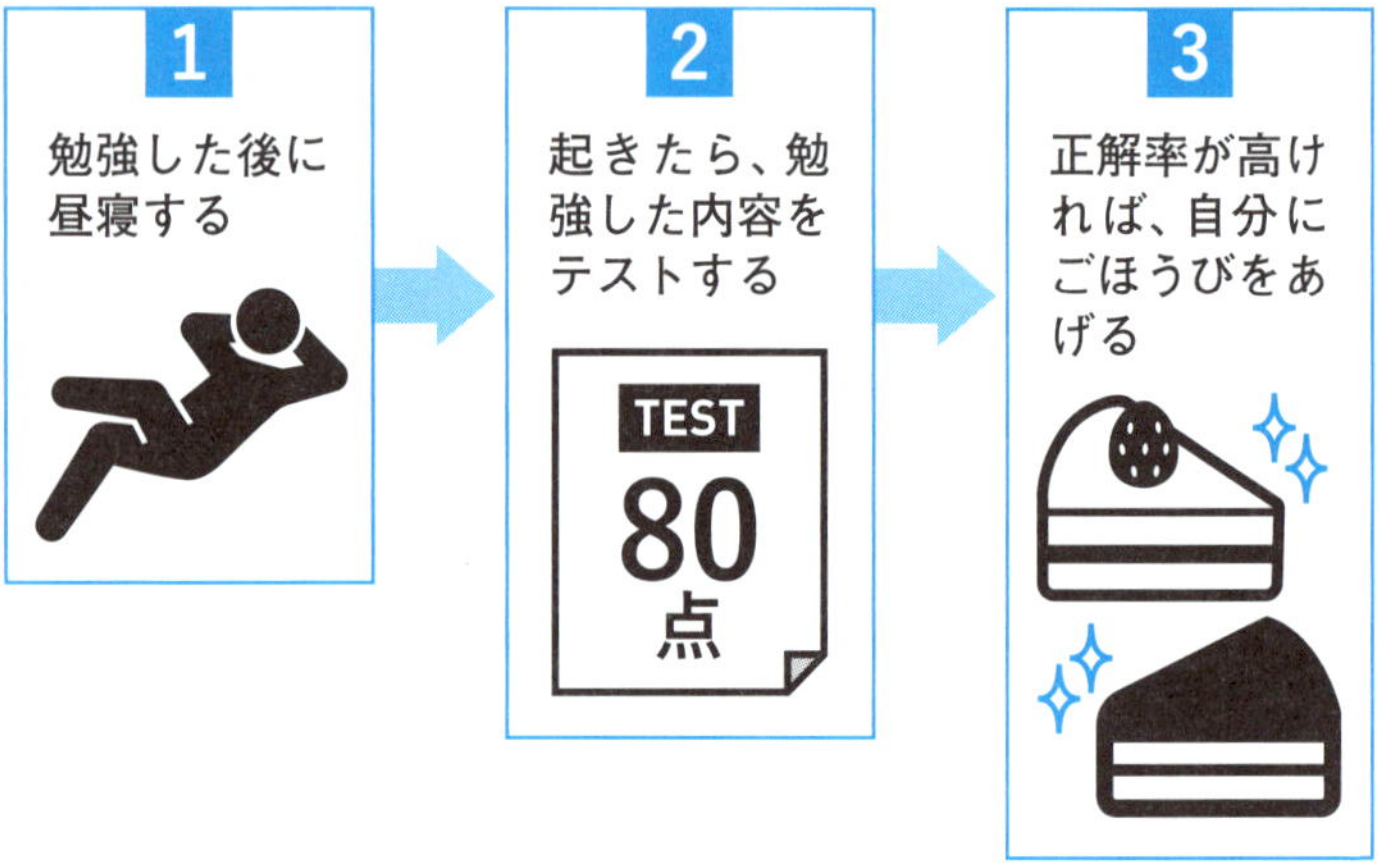

1. 勉強をした後に昼寝をする
2. 起きたら、先ほど学んだ内容をテストする
3. テストの正解率が高かったら、自分にごほうびをあげる

以上のステップで昼寝を行うと、格段に勉強の成果が出やすくなります。

これはジュネーブ大学が効果を確かめた手法で、「記憶力のテストに正解すれば賞品がもらえる」と言われた被験者は、「成績が良くても何ももらえない」と言われたグループより正解率が高くなっていました。

さらにこのテクニックがすばらしいのは、3か月後にすべての被験者へ抜き打ちテストを行ったところ、やはり「賞品がもらえる」と言われたグループのほうが高得点を出した点でしょう。**昼寝に報酬を組み合わせれば、その場の物覚えが良くなるだけでなく、情報が長期の記憶として浸透しやすくなる訳です。**

ごほうびの内容は、自分が心から喜べるものなら対象は問いません。お菓子でもゲームでも漫画でもいいので、**「テストに正解すれば〝あれ〟が待っている」とワクワクするようなものほど効果は高くなります。**

また、実験では被験者に90分の昼寝を指示していますが、そこまで長い時間を使う必要はありません。過去に行われた別の実験では「学習の後で5～10分の昼寝でも学習効率が上がる」との結果も出ています。実際には、もっと短い時間でも効果は見込めるでしょう。

ポモドーロ的時間管理＋報酬つきの昼寝

ここで私がおすすめしたいのは、報酬つきの昼寝に「ポモドーロ」的な作業と休憩の組み合わせをプラスする手法です。
ポモドーロは集中力アップの効果が高い定番の時間管理テクニックで、通常は次のサイクルをくり返します。

- **25分間だけ集中→5分休憩**

25分の間はＰＣやスマホの通知を完全にオフにし、ひたすら目の前の作業に没頭。続く5分は作業から離れ、徹底的に脳を休ませます。

ポモドーロのメリットは、単に集中力アップに効くだけでなく、「意識して物事に集中する能力」と「何も考えない能力」の２つを高めてくれるところです。どちらも学習の成果をあげるには欠かせないスキルなので、日常的に取り入れておいて損はないでしょう。

ポモドーロと報酬つきの昼寝を組み合わせる場合は、「25分→5分」のサイクルにこだわらないでください。

第2章で取り上げた「90分→20分」のパターンを使うもよし、「40分→10分」のオリジナ

ポモドーロ的サイクルを利用する

※サイクルは自分の好きな時間でOK

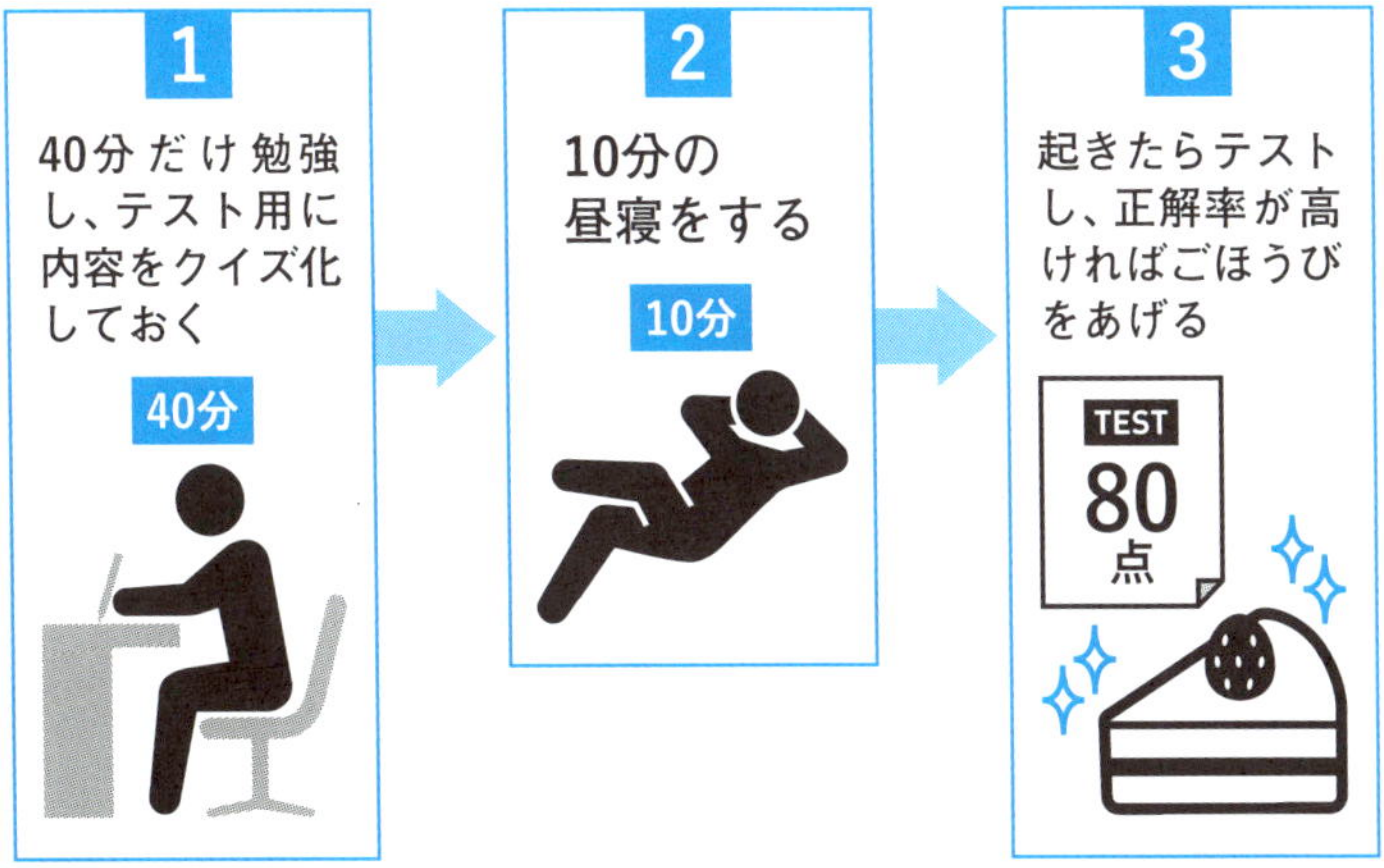

ルなサイクルを使うもよし、自分にしっくりくるリズムを採用すればOKです。

たとえば「40分→10分」のサイクルを使うなら、具体的な手順はこうなります。

1.40分だけ勉強し、その間に学んだことを後でテストできるようにクイズ化しておく
2.10分の昼寝をする
3.目が覚めたら先ほど作ったテストを解き、高得点が出たら、事前に決めておいた報酬を自分に与える

どのサイクルを使うにせよ、大事なのは集中の後で徹底的に脳を緩和させることです。この基本さえ押さえていれば、どのようなテクニックと組み合わせても効果は出やすくなります。

ウェイクフルレスト

中には昼寝が苦手な方もいるでしょう。目を閉じてすぐに眠りにつけるならいいですが、「10分だけ昼寝をしよう」と言われても、そう簡単には実践できない人も少なくないはずです。

しかし、安心してください。**完全に眠りに落ちなくても、目を閉じただけで十分に効果は出るのです。**ある実験では、被験者は短い小説を2本ずつ読んだ後、2つのパターンで休憩を取りました。

1. ウェイクフルレスト
2. 本の内容とは関係ないゲームで遊ぶ

ウェイクフルレストは、「何もしないでボーッとする」ことです。

この実験では、被験者は暗い部屋で10分だけ目をつぶるように言われました。その間は何を考えても問題なく、本の内容に思いをめぐらすもよし、まったく関係のない空想に遊ぶもよし、今日の予定について考えるもよしです。とにかく、とりとめもない思考が頭に浮かぶままの状態に置かれました。

その後、被験者に「できるだけ細かく本のストーリーを思い出してください」と指示したところ、「ウェイクフルレスト」を行ったグループは記憶の定着率が10％も高い傾向がありました。10分目を閉じただけでも、新しい情報が頭に残りやすくなるのです。

目を閉じて休むと、私たちは周囲の世界に意識を向けなくなります。すると、脳は新しい情報を取り込む必要が消えたせいで余裕が生まれます。おかげで情報を固める作業に力を集中させることができ、最終的に記憶の定着率が上がっていきます。こうして、ウェイクフルレストが脳の働きの手助けをしてくれるという訳です。

逆に学習の後でゲームなどをすれば、脳はプレイのほうに処理機能を働かせるため、記憶づくりのプロセスに不要な情報が入ってしまいます。そのせいで、学んだばかりの情報

ウェイクフルレストとは

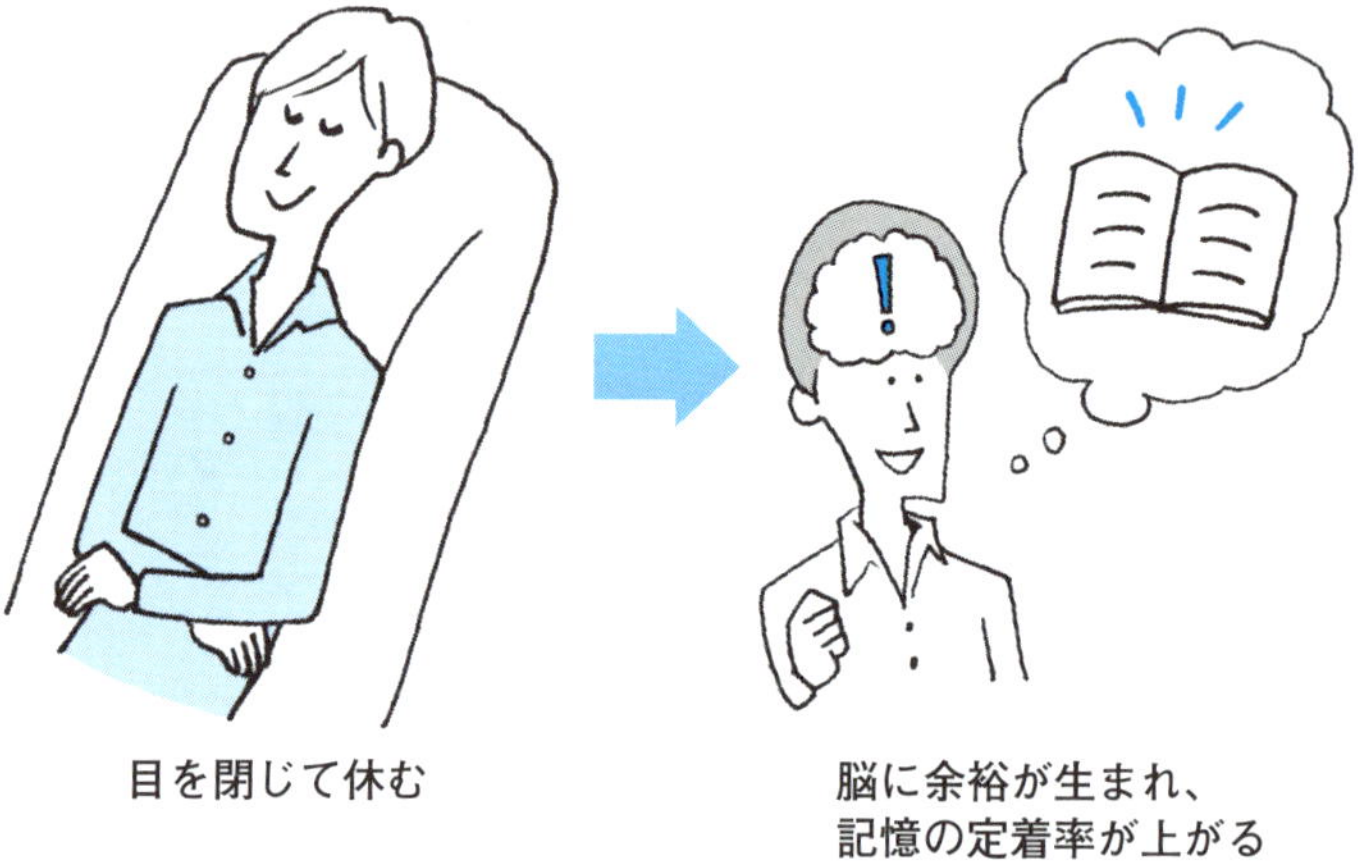
目を閉じて休む
脳に余裕が生まれ、
記憶の定着率が上がる

が頭に取り込まれず、記憶の定着率も下がります。

「目を閉じて休む」と言われるとムダな時間のようですが、休憩中でも脳の活動は決して止まりません。それどころか、脳はゲームに集中した場合よりも豊かな精神活動を続けているのです。

情報が過剰な現代では、ゆっくり頭を休ませる時間はなかなか持てないかもしれません。けれども新しい情報をよりよく学ぶためには、あらかじめウェイクフルレストのような休息タイムを予定に組み込んでおくことが必要なのです。

緩和テク2
睡眠の効果を最大まで引き出す

インターリービング・スリープ

「勉強の後はちゃんと寝よう」とよく言われます。

このアドバイスは科学的にも大正解で、**睡眠を減らしてがんばったところで情報は頭に残らず、時間をかけた分のリターンは得られません。**先述のとおり、私たちの脳は緩和モードに入ったときに情報を定着させるからです。

その意味で、睡眠は最強の勉強テクニックの1つです。睡眠時間を削ることだけは、絶対に止めてください。

そこで、まず推薦したいのが「インターリービング・ス

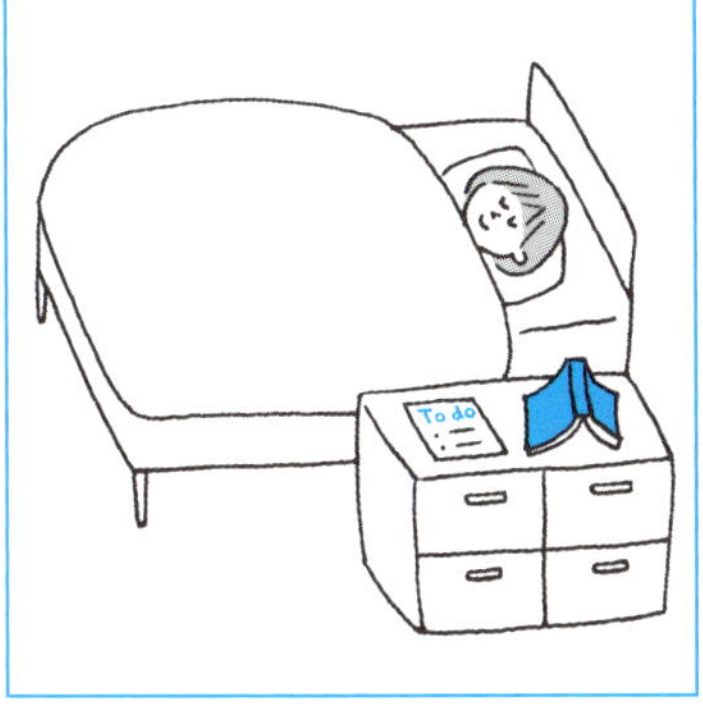

リープ」です。フランスのリヨン大学が効果を確かめた手法で、数ある睡眠法の中でも学習の効率アップに良いという結論が出ています。

具体的には次のステップで行いましょう。

1．勉強を中途半端なところで止めて眠る

2．起きたら前日に止めたところから続きを勉強する

このテクニックで大事なのは、ステップ1です。**参考書がひと区切りついたタイミングで勉強を止めるのではなく、問題の途中や解説文のまん中のように、尻切れトンボの状態で切り上げましょう。**つまり、学習の間に睡眠をはさみ込む（インターリービング）という訳です。

なんだかスッキリしない気分になると思いますが、その意識こそが緩和モードの働きを高めてくれるのです。「あの問題はどう解くんだっけ？」「解説の続きはどうなるんだろう」といった疑問が無意識に生まれて、その日に学んだ情報を、寝ている間に脳が処理し始め

インターリービング・スリープとは

るからです。

一方、区切りがいいところで勉強を止めると、脳は「今日やった分は完全に終わったのだな」と誤認します。あたかも何かをやりとげたかのような錯覚を起こし、無意識のうちに情報処理をなまけ始めるのです。

もちろん現実には翌日も勉強は続く訳ですが、**人間の心理は「区切り」や「ひと段落」といった言葉に弱いという傾向があります。**

お正月を迎えたら、なんだか去年の問題がリセットされたような気持ちになってしまうのと同じです。明確な区切りがもたらす脳の錯覚には注意してください。

リヨン大学の報告によれば、インターリービング・スリープを使った学生は、普通に勉強した学生より単語テストの成績が2倍も良くなっていました。

どうやらこの睡眠法には、復習の時間を短くするうえに、いったん覚えたことを忘れにくくする効果があるようなのです。

「1日の勉強はキリが悪いところで終える！」と覚えておくといいでしょう。

寝る前にＴｏＤｏリストを作っておく

睡眠による記憶の定着効果を高めるために、翌日のＴｏＤｏリストを寝る前に作っておくのも良い方法です。「青チャート第2章のエクササイズを解く」や「山川世界史のヨーロッパ史のパートを20ページ読む」のように、次の日にすべきタスクをすべてリストアップしてください。

リスト作りに使う時間は5分で十分。それだけでも睡眠の質が上がり、普通より眠りにつきやすくなります。

これはベイラー大学が効果を明らかにしたテクニックで、**「次の日にやるべき勉強」を寝る前に5分だけ書き出した学生は、いつもより学習内容を思い出しやすくなり、眠りにつくまでの時間が平均で9分ほど早くなっていました。**

たった9分と思われるかもしれませんが、この数字は睡眠薬を使ったときの改善レベルと大差がありません。つまりＴｏＤｏリスト作りには、薬と同じぐらいの効果があることになります。

近年の睡眠科学は、夜中にうまく眠れない人が多いことについて、「翌日への不安感」がその大きな原因の1つであると考えています。

忙しい現代社会では、私たちのやるべきことは日ごとにふくれあがり、その日にすべきタスクが満足にこなせないケースもめずらしくありません。未消化のタスクは日中ばかりでなく、寝る前でさえも頭の中をよぎり、そこで生まれた緊張感が睡眠の質を下げていきます。

しかし、**寝る前の5分を使ってＴｏＤｏリストを作ると事態は一変します。翌日のタスクがはっきりしたせいで重荷を下ろしたような気持ちが生まれ、不安による悪影響が激減**

するからです。

寝る前のネガティブ思考ほど、睡眠に悪いものはありません。自分の頭の中だけでＴｏＤｏリストをまわすのは、絶対に避けてください。

睡眠学習も復習に使うならアリ

「睡眠学習」と聞いて、うさんくさく思う人も多いでしょう。睡眠中にオーディオブックを聞き流すだけで勉強が進むなら、これほど楽なことはありません。

実際のところ、睡眠学習の効果は多くの研究で否定され、「寝ている間に新しい情報を取り込むこと」は不可能と言われています。かつてはよく売られていた睡眠学習用のＣＤも、いまでは見かけなくなりました。

けれども科学の世界で、この睡眠学習が見直されつつあることをご存じでしょうか？

睡眠学習で新たな知識を取り込むことはできないものの、〝復習用〟になら使える可能性が出てきたのです。

代表的なのは、スイス大学による実験です。

研究チームは、被験者に午後10時からオランダ語の学習CDを聞かせ、それからベッドに入るように指示。皆が眠りについた後で、就寝前に聞かせたのと同じ音声を続けて流しました。

起床後、前日に学んだオランダ語のテストを行ったところ、結果は上々でした。**寝ながらオランダ語のCDを聞いた学生は、起床後に単語を思い出す確率が10～20％上がっていたのです。**

睡眠中の脳波を調べたデータによれば、CDを聞きながら寝た学生の脳には、学習時に現れるシータ波も計測されています。寝ている間でも、脳は無意識のうちに単語を覚えようと働くのかもしれません。

もっとも、これはまだ最近の研究結果のため、睡眠学習がどこまで役に立つのかはハッキリしていません。明確な結論を出すためには、さらなる研究が必要です。

とはいえ、寝ている間に学習用の音声を流すだけですから、さほどの手間はかかりません。たいした効果がなかったとしても、試す価値はあるでしょう。

1．寝る前に学習用の音声をひととおり聞いておく
2．同じ音声が、眠りに入ってから2～3時間後に再生されるようにセットする
3．目が覚めたら、音声の内容をテストして記憶の定着をはかる

以上のステップで行えば、「睡眠学習」が役に立つ可能性は十分にあります。このほかにも、寝る前に読んだ本を睡眠中にオーディオブックで聞いてみるなど、目的によって使い方を工夫してみてください。

Point

勉強はあえて中途半端なところで止めて、翌日に持ち越す。不安やストレスはその日中に解決して、翌日に持ち越さない。

緩和テク3
運動で記憶を定着させる
勉強後5分の運動でも記憶の定着率が上がる

脳のモードを切り替えるテクニックの３つ目は、「運動」です。

エクササイズには、脳の血のめぐりを上げてくれるのに加えて、全身に栄養を行きわたらせ、こり固まった頭をほぐす働きがあります。これらすべての作用が、記憶に良い影響を与えるのです。

私の場合は、朝起きてすぐに近所の森で体を動かし、頭の血流が上がってから勉強を始めます。昼寝や休憩をはさ

んで3つ勉強を続けたら、夕方ぐらいにまた運動をするのが日常的なルーチンです。この方法を使うと、午前中に高い集中力をキープしたまま情報を取り込めますし、午後からのエクササイズで記憶の定着も高まります。

「運動にそんなに時間を割きたくない」と思う人も多いかもしれませんが、**学習効率を高めるだけの目的なら、たいした運動は必要ありません。結論から言えば、勉強後のたった5分を使えば十分です。**

2017年に、ニュー・サウス・ウェールズ大学がこんな実験をしています。

被験者は20代の男女。全員に見知らぬ人物の顔写真を覚えさせた後、半分のグループにのみ歩行運動器具で5分ほど歩くよう指示しました。

その効果は明らかで、しばらく後に記憶テストを行ったところ、運動をしたグループは男性の成績が10%ほどアップしました。女性にいたっては50%近くも記憶力が改善していたのです。

男女でここまでの差が出た理由はわかりませんが、一般的に女性のほうが下半身の血流が滞りがちと言われるため、軽い運動でも効果が出やすかったのかもしれません。いずれにせよ、運動が記憶の定着を助けてくれるのは確実のようです。

1日5分でいいので、勉強が終わったらちょっとだけ歩いてみましょう。

10分の中高強度身体活動で脳のパフォーマンスを上げる

5分の軽い運動でも学習の効率は上がりますが、より脳のパフォーマンスを高めたいなら、より負荷が高いエクササイズが必要です。その最低ラインは、

・中高強度身体活動（MVPA）を10分

となります。

MVPAは運動強度3〜6METsぐらいのレベル、だいたい早歩きからランニングぐらいまでの負荷です。ウォーキングほど楽ではないものの、少し息が上がってハァハァするぐらいをイメージしてください。

運動で脳のパフォーマンスを上げる

1 勉強前に10分のランニングで脳機能を高めておく

2 勉強が終わったら、５分のウォーキングで記憶の定着をはかる

これはウエスト・ロンドン大学が明らかにした事実で、10分だけエアロバイクをこいだ被験者は、その直後から脳のパフォーマンスが改善されました。物事を分析する能力が、運動前より14％も向上しています。

これらのデータをふまえて、次のようなルーチンはどうでしょう？

1．勉強前に10分のランニングで脳機能を高めておく

2．勉強が終わったら5分のウォーキングで記憶の定着をはかる

勉強を前後の運動ではさみ込むことで、

最大限に脳のパフォーマンス能力を引き出した状態で情報を取り込めるはず。勉強の時間がないときこそ、軽いエクササイズを意識してみてください。

インターバル・トレーニングで長期記憶を最大化する

もしあなたが普段からもっとハードな運動をしているなら、それも学習の効率アップに活かすことができます。ある実験では、学生たちに40分ほど地理の勉強をさせ、それから4時間後に数パターンのエクササイズを指示しました。

1．最大パワーの80％でエアロバイクを5分こぐ
2．最大パワーの60％でエアロバイクを5分こぐ
3．1～2を3セットくり返す

最大パワーの80％とは、ほぼ全力に近い有酸素運動に相当します。終わった後で完全に息が上がり、まともに会話もできないレベルです。

一方、最大パワーの60％とは、二言三言なら会話をやり取りできるぐらいの負荷に相当します。やや余裕はあるものの、やはり精神的なつらさはなかなかのものです。

このように負荷が違う運動を交互にくり返す方法を「インターバル・トレーニング」と呼びます。エクササイズの上級者向けですが、心肺機能アップの効果が高いため、私も日常的なルーチンに取り入れています。

さて、実験では地理の勉強から2日後にテストを行い、被験者の記憶を調べました。その成果は予想どおりで、**インターバル・トレーニングをしたグループの成績がもっとも高く、運動をしなかったグループとくらべて10％も記憶量が増えていました。**

激しいエクササイズで記憶力が上がったのは、運動には神経に利く物質を増やす作用があるからです。キツい運動をすると、その直後からＢＤＮＦやＰＲＰｓなどの脳神経を増やす物質が分泌され、長期記憶の形成を助けてくれます。

ただしこの実験では、勉強が終わってすぐに激しい運動をしたグループには、逆にテストの成績が下がる現象も報告されています。

その理由は定かではないものの、おそらくハードな運動をやり抜くには精神のパワーが必要なため、その分だけ脳に負荷がかかって、勉強後の記憶づくりをさまたげてしまうのでしょう。

ハードな運動は、あくまで最後の学習から4時間後がベターです。勉強の前後は、軽いウォーキングやランニングぐらいのレベルにとどめるようにしておきましょう。

Point

勉強に運動をプラスすると記憶の定着率が上がる。勉強前10分のランニング、勉強後5分のウォーキングを。

緩和テク4

マインドフルネス瞑想

瞑想トレーニングでテストの成績が上がった

「マインドフルネス瞑想」は、古くより仏教の世界などで使われてきた、最古のメンタル・トレーニングです。近年では科学的な検証が進み、不安の解消に高い効果を持つことがわかってきました。

マインドフルネスの定義には諸説あるものの、基本的には**「いま、この瞬間」に注意を向け続けること**を意味します。

・勉強のときは、ＳＮＳの更新などは考えず、ただ勉強に打ち込む
・企画書を書くときは、明日のプレゼンについて悩まず、ひたすら企画書を書く

目の前の対象から気をそらさずに意識をキープできれば、それは「マインドフルネス」です。緊張やストレスのせいでリラックスできない人が、脳を緩和モードに切り替えたいときにもとても役に立ちます。

もともとは不安症や神経症の対策などに使われてきた技法ですが、ここ数年で認められつつあるのが集中力や記憶力へのメリットです。

カリフォルニア大学の研究では、48人の男女に1日45分間の「マインドフルネス瞑想」を続けるように指示しました。

そのうえで2週間後に全員に認知テストを行い、さらにＧＲＥ（アメリカの共通試験）のスコアをくらべたところ、瞑想トレーニングをしたグループは文書の理解力と集中力が大きく向上。瞑想をしなかったグループより、ＧＲＥのスコアがおよそ20％高いという傾向がありました。

この結果は、マインドフルネス瞑想でワーキングメモリの働きが向上したことを意味します。先述のとおり、**この機能が働けば問題を読み解く力が高くなり、本を読むスピードもアップし、対人コミュニケーションにも良い影響が出ます。**受験生のみならず、万人に必須の機能と言えるでしょう。

21まで呼吸のカウントをくり返す

この実験で使われた瞑想法を紹介します。

1．足を組んで背筋を伸ばして座り、目線をやや下のほうに向ける
2．息を吐くごとに数を数えていき、21までカウントしたら再び1から数え直す
3．集中が切れそうになったら、つねに呼吸に意識を向け直す

あらかじめ決めた時間になるまで、この作業をひたすらくり返してください。禅の世界では「数息観《すそくかん》」の名で使われてきた、伝統的なテクニックです。

数息観を使った瞑想法

「数息観」のコツは、瞑想の間に湧き上がってくる思考を、他人ごとのように観察することです。

何度となく呼吸を数えていると、誰でも「来週のテスト大丈夫かな……」「この間は目標通り勉強できなかったな……」といった心配ごとが頭に浮かび上がってきます。私たちの脳は考えごとや空想が大好きなので、どんなに集中力が高い人でも、呼吸にだけ意識を向け続けることはできません。

このときに、「私は集中力がないのだ」と自分を責めてしまうのが最悪のパターンです。**未来や過去への心配は脳が生み出した一時的なイメージにすぎず、いま**

の時間とは何の関わりもありません。逆に言えば、頭にさまざまな空想が浮かぶのは、脳が緩和モードに入った証拠だとも言えます。

瞑想中に不安や心配ごとが浮かんできたら、頭の中のイメージをムリヤリ押さえつけるのではなく、「心がそう考えているだけだな」と考えてやり過ごしてください。目の前を通りかかった車を見つめるぐらいの感覚です。

思考や感情が通り過ぎていったら、後は再び呼吸のカウントに意識を戻すのみ。何度もくり返すうちに、あなたの集中力は確実に鍛えられていきます。

ちなみに、**この実験で呼吸のカウントが「21」に設定されたのは、集中力のキープに役立つからです。**

10や20などの切りが良い数字はなじみ深いため、どうしても惰性的なカウントにおちいりやすく、飽きが早くなってしまう傾向があります。しかし、あえて「21」という半端な数を使うと、頭が慣れていない分だけ飽きにくいという訳です。

そのうち「21」にも飽きたときは、他の数字に変えても問題ありません。「73」や「96」

のように、適当な数でカウントしてください。

日常の不安や悩みを瞑想トレーニングのチャンスに変える

先の研究では1日45分の瞑想を推奨していましたが、実際はここまで長いセッションの必要はありません。

ウィスコンシン大学による類似の研究では、1回10分のマインドフルネス瞑想でも集中力が上がり、認知テストの成績もアップしたと報告されています。**まずは1日10分でもいいので、マインドフルネスの時間を持つようにしてみましょう。**

もっとも、そうはいっても瞑想の習慣化は難しい作業です。昼寝や運動と違ってマインドフルネスの効果はすぐに実感しづらいため、モチベーションが続かないケースをよく見かけます。

そんなときは、日常的に感じる不安や悩みを、瞑想トレーニングのチャンスに変えてみるのも効果的です。具体的には**「注意スイッチ・トレーニング」**と呼ばれるテクニックを使い、不安な感情や思考が湧いてきたら次のステップで考えてみます。

1．不安や悩みが浮かんだら、「思考は現実ではない」ことを思い出す
2．呼吸や胸の動悸といった身体の感覚に注意を向ける
3．周囲の環境に注意を向ける
4．そのまま特定の対象に注意を向け続ける

たとえば「1週間後のテストはダメかもな……」といった不安が湧き上がったら、その場で「いま考えたことは現実じゃなくて、ただの思考だな」と考えます。続いて「胸がドキドキする感じがする」「頭が重い感じ」など、自分の体がどのように反応したかをチェックしてください。

おそらく、この時点でも気持ちが楽になる人は多いでしょう。不安な思考が自分と切り離され、ネガティブな感情の波に飲み込まれなくなったからです。

最後に、自分の体から意識をそらし、周囲の環境に注意を向けなおします。その対象はコーヒーの香りや雲の動きなど、なんでも構いません。瞑想で呼吸に集中するのと同じよ

注意スイッチ・トレーニング

1

不安や悩みが
浮かんだら、
「思考は現実では
ない」と思い出す

2

呼吸や
胸の動悸といった
身体の感覚に
注意を向ける

3

周囲の環境に
注意を向ける

4

そのまま
特定の対象に
注意を向け続ける

うに、特定のものに意識を向け続けましょう。

一般的な瞑想とはだいぶ違うテクニックですが、立派にマインドフルネスのトレーニングとして役立ちます。

そもそもマインドフルネスでは、不安や悩みなどの感情から自分を切り離し、本来すべきことに集中しきるのが重要なポイントです。その意味では「注意スイッチ・トレーニング」も、ネガティブな状態を他人ごとのように見つめ、意識を切り替える訓練として意味を持ちます。

日常の悩みを瞑想トレーニングのチャンスととらえ、集中力を高めてみてください。

Point

瞑想をすると脳はたちまち緩和モードに切り替わる。呼吸に集中すると不安や心配ごとが消えていく。

緩和テク5 クロノタイプに逆らわずに休む

自分の「体内時計」と上手につき合う

「クロノタイプ」という言葉をご存じでしょうか？　人それぞれが生まれつきに持ち合わせている体内時計のことです。

よく聞く「朝型」や「夜型」もクロノタイプの一種で、これが人の生活を大きく支配しています。**当たり前ですが、夜型の人が早起きしてもパフォーマンスは上がりませんし、逆に朝型の人が夜ふかしすれば脳の機能は下がります。**

クロノタイプは約50％が遺伝で決まっており、後天的に

修正していくのはほぼ不可能とも言われます。あらかじめ自分のパフォーマンスが最大化する時間帯を押さえ、そのタイミングで行動を起こすのがベストでしょう。

とくに現代の暮らしではクロノタイプを無視する人が多く、最適なタイミングで活動できている学生やビジネスパーソンは少数派です。

たとえば、2018年にイリノイ大学が約1万5000人の学生を集め、大学の「オンライン学習システム」のデータをチェックしました。それぞれの生徒がもっとも活発に行動する時間帯を2年にわたって調べ、全員のクロノタイプを3つに分けています。

1．夜型　17：00から後に元気になるタイプ
2．昼型　12：00から17：00の間に元気になるタイプ
3．朝型　12：00前にもっとも元気になるタイプ

その後、学生のクロノタイプと成績の変化をくらべたところ、ハッキリした違いが現れました。自分のクロノタイプと授業のスケジュールが合っていない生徒のほうが、格段に

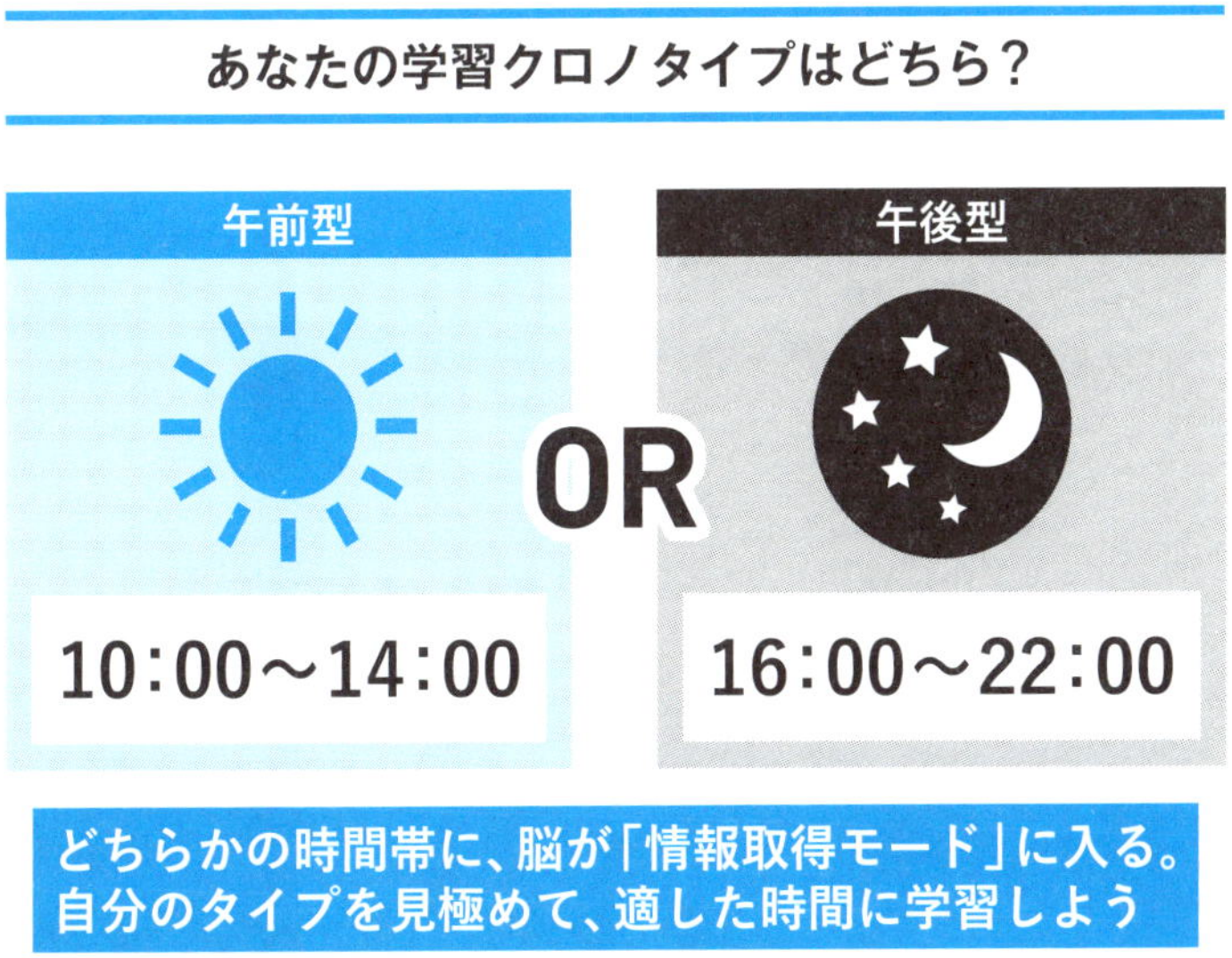
あなたの学習クロノタイプはどちら？
午前型
10:00～14:00
OR
午後型
16:00～22:00
どちらかの時間帯に、脳が「情報取得モード」に入る。
自分のタイプを見極めて、適した時間に学習しよう

成績が悪かったのです。

これは「ソーシャル時差ボケ」と呼ばれる現象で、自分の体内時計に合わせたスケジュールで行動しないとパフォーマンスは大幅に低下します。

データによればクロノタイプに適した時間で勉強できていた学生はおよそ40%のみ。残りの50%は脳の働きが良くなるよりも前のタイミングで授業を受け、10%はパフォーマンスが最大になった後に授業を受けていました。

学習の成果をあげるには、まず自分の頭がよく働く時間を知り、そのタイミングにエネルギーを集中させなければなり

ません。逆に脳の機能が低下する時間帯には、意識的に緩和モードに切り替えるのが大事になります。

脳が働く時間に集中して勉強すべし

私たちのクロノタイプは千差万別ですが、こと「学習」においては、最適なタイミングは大きく2つに分かれます。

アメリカ睡眠医学会のマイケル・ブレウス博士による研究をベースに、まずは新しいことを学習したいときに最適なタイミングを見てみましょう。

1. 午前型　10：00〜14：00
2. 午後型　16：00〜22：00

たいていの人は、このどちらかの時間帯に脳が「情報取得モード」に入ります。ここで頭が学習に向いた状態に切り替わるため、もっとも集中力が必要な勉強は、この時間帯に行うのがベストです。

あなたがどちらのグループに属するかは、何度か自分で試して判断してください。クロノタイプの影響は実感しやすいため、午前型と午後型の両方の時間帯で勉強をしてみれば自分に適した勉強時間がつかめるでしょう。

ちなみに、**朝の4：00〜7：00の時間帯は、ほぼすべての人の学習能力が下がりやすいタイミングです。** 張り切りすぎて、あまり早朝に勉強をしないよう注意してください。

緩和タイムでは徹底的に休む

脳が緩和モードに入りやすい時間帯も見ておきましょう。こちらも細かなタイミングは人によって違いますが、おおまかに言えば、どんな人でも次の時間に脳の集中力がスローダウンします。

- **21：00〜23：00**

この時間帯に、集中力や論理的な思考が必要なタスクを行っても効率が下がるだけ。シャワーや瞑想などでひたすら脳を休ませて、日中に学んだ情報が頭の中で固まっていくのを待つのが得策です。

どうしても作業をしないと不安なときは、アイデア出しや翌日の計画を練ることのために使ってください。創造性が高まりやすい時間なので、日中より良い発想が生まれやすくなります。

カフェインは起床から90分後に

最後に大事な注意点を1つ。**眠気覚ましのため、起きてすぐにコーヒーやお茶を飲む人も多いかもしれませんが、これはクロノタイプ的には最悪の行動です。**

くわしく説明しましょう。まず朝に目を覚ますと、私たちの体にはコルチゾールというホルモンが分泌されます。この物質には血流を上げて脳を刺激する働きがあり、おかげで私たちの体は少しずつ覚醒していきます。

つまり、目が覚めた後の人体には、カフェインの助けを借りなくて済むだけの起床システムが備わっている訳です。

ところが、起きてすぐコーヒーを飲むと、カフェインの効果がコルチゾールの効果とぶつかります。どちらも覚醒作用を持った物質なのでいたずらに脳が興奮し、覚醒を超えて緊張や焦りに近い状態になってしまうのです。

この問題をふせぐため、**コーヒーは起きてから最低でも90分後に飲むようにしましょう。**たいていの人は、これぐらいのタイミングでコルチゾールが減り始めるため、適切な覚醒感をより長く維持できます。

一方で、**起き抜けに飲むのはコップ1杯の水がベスト。**起床後は全身が脱水した状態に近いため、すばやい水分補給により脳のパフォーマンスをスムーズに上げていくことができます。

Point

自分の体内時計に逆らわずに勉強スケジュールを立てよう。学習&休憩の計画的なサイクルづくりが成功のカギ。

第5章

上級者向け！

勉強の効果をさらに高める7つの学習習慣

Introduction

ハイレベルの結果を叩き出す「上級者」のやり方

本書でここまで、科学的に効率の良い勉強法を数多く紹介してきました。

1．勉強の前は綿密なプランニングや音楽の活用でモチベーションを高める
2．勉強中はアクティブラーニングの技法で内容を頭に叩き込む
3．勉強の後は脳を徹底的に休めて情報がつながるのを待つ

この3つの要点が確実にこなせていれば、あなたはもう勉強法について悩む必要はありません。後は学ぶべきことを淡々と吸収するのみです。

そこで第5章では、やや上級者向けのやり方を取り上げていきます。2〜4章までの内容からさらに上を目指したい人は、これから紹介する勉強法も使ってみてください。

それぞれの「上級テク」は一見とっつきがよく、すぐに取りかかれるものばかりに思えるかもしれません。けれども、そうやって実際に体を動かし、五感を研ぎ澄まして学習する習慣を持っている人は決して多くありません。

高いレベルの学習実績をあげている人ほど、こうしたやり方を習慣化しています。たとえば東大生なども、多くの学生がここにあげたようなフィジカル重視の「上級テク」を習慣的に実践しています。

もちろん、初級者が本章のメソッドを試すことにまったく問題はありません。自分のライフスタイルにピッタリ合えば、どの方法を使うのも自由です。積極的にチャレンジして、より多くの成果を手に入れてください。

では、7つの方法を具体的にご紹介していきましょう。

上級テク1

ひとりごと学習

ひとりごとを言う人は集中力が高い

「ひとりごと学習」は、勉強をしながらその内容をぶつぶつと声に出してみる方法です。なんだか怪しげですが、多くの研究で高い効果が確認されたテクニックです。

ある実験では、被験者に対して、自分の思考を声に出しながら社会問題に関する小論文を書くように指示を出しました。

「えーと、いま自分は税金の問題に関心があって、もうすぐ消費税が上がるけど……これが家計にどんな影響がある

かというと、いや、家計よりも企業のほうがおもしろい観点かもしれない……」

とりとめのない思考を、そのまま口に出しながら文章を書き進めていきます。

こんな人が隣にいたら実に迷惑でしょうが、それだけの効果はあるようです。すべての小論文を採点したところ、ひとりごとを使った人のほうが格段に成績が良く、作業中の集中力も高い傾向がありました。

ひとりごとで勉強の内容が身近になる

ひとりごと勉強法が効くのは、思考をリアルタイムで声に出すことで「自己参照効果」が働くからです。

これは、何ごとも「自分」にからめて記憶したほうが定着率が高くなる現象を表した言葉で、たとえば戦国時代の流れを覚えたいときなどは、自らが甲冑を着けて戦場に立つイメージを浮かべたほうが物覚えが良くなり、細部を理解する力も高まります。

学習の場面でなくとも、興味がない芸能人のスキャンダルよりは、自分のまわりで起きたトラブルのほうが記憶しやすいのは当たり前でしょう。これも「自己参照効果」によるものです。

「ひとりごと学習」もメカニズムは同じで、頭の中だけで考えるよりも、自分の声を聴いたほうが思考が身近なものに変わります。その分だけ「自己参照効果」が働き、情報が頭に残りやすくなるのです。

ひとりごとを学習に活かす3つのパターン

「ひとりごと学習」を使うには、大きく3つのパターンがあります。

1：実況パターン

先の例にもあったように、**学習中の思考をリアルタイムで実況していくやり方**です。テキストを読みながら、次のように声に出してみましょう。

「おっ、ここで苦手なベクトルが出てきたぞ！　さぁ、この難局をどうやって乗り切ろうか。あの公式で解けそうだけど、応用編の問題だから、そう簡単には解かせてくれないだろうなぁ」

声に出した思考は、とくに意識して聴かなくても構いません。自分の声が耳に入った時点から「自己参照効果」は働き始めるからです。

これは読書にも使えるテクニックで、私もよく実践しています。

本を読みながら「この主張って、いちがいにそうとは言えないんじゃないの？　違う理論があったような気がするけど」のように声に出しつつ近所の森を歩きまわると、内容が頭の中で整理されやすくなるのです。

ただし皆さんの場合は、人がいない場所で使ってくださいね。

2：質問パターン

目の前のテキストや問題に対して、質問を投げかけていくパターンです。参考書を読んだときなどに、自分にこんな質問をしてみましょう。

- **自分は文章のテーマを本当に理解できただろうか？**

- わからない用語はなかったか？
- 3つ出てきた解法の中で自分が一番使いやすいのは？
- 段落の結論に同意できるだろうか？
- そもそもこれはどういう意味だったか？

とっさに答えられないケースも多いでしょうが、気にしないでください。

勉強の内容を質問にできた時点で、自分なりの考え方を客観的に見つめることができますし、それと同時に、無意識のうちに脳が解決に向けて動き始めてくれます。

質問の答えがすぐに出ないようだったら、とりあえずスルーして次のセクションに移っても問題ありません。

また、なかなか質問が出せない場合は、91ページで取り上げた「メタ認知リーディング」の質問セットを転用してください。何度かくり返すうちに、自分なりの質問が自然と口をついて出るようになるはずです。

3：要約パターン

いま学習している内容を、その場でまとめながら声に出すパターンです。先の実況や質問パターンで理解したテキストを、さらに記憶に強く残したいときなどに使ってみます。たとえばデータ分析について学ぶのであれば、1つのセクションごとに「モードっていうのは、要するにもっとも個数が多い値のことだな」「偏差っていうのは、結局それぞれの数値と平均値の差だよな」といったように難しい用語を自分なりの言葉でまとめ、1つのセンテンスぐらいにまとめていきます。

ちなみに、**うまい要約が浮かばないときは、いったんテキストを追うのを止めて「これを友人に説明するとしたらどうなるだろう？」と考えてみるのも良い方法です。**100ページの「教えるつもり勉強法」でも説明したとおり、思考のプロセスに他人の存在をはさむことで問題が他人ごとになり、客観的な視点から内容をとらえ直しやすくなります。

Point

ひとりごとを言うと頭の中が整理される。自分にからめて考えることで、一気に理解度がアップする。

上級テク2

話しかけるつもり音読

なぜ音読は学習効果が高いのか？

「ひとりごと学習」が面倒な場合は、もっとシンプルに、テキストをそのまま声に出して読むだけでもOKです。

教育学の世界では昔から「音読」の効果は知られており、文系科目だろうが理系科目だろうが、どのような内容でも口で読み上げたほうが頭に入りやすくなります。

その効果を示したデータも数知れず、たとえば学生に80個の単語を音読させた研究では、声に出して覚えたグルー

プは、黙読したグループよりテストの成績が12％も高くなりました。確かに、音読のほうが黙読より時間はかかりますが、そのデメリットを補って余りあるようです。

音読のメリットには、おもに3つの要素が関わっています。

1．声に出すことで口や耳などの運動機能を多く使うため、学習がよりアクティブなものになる

2．声に出すにはテキストをしっかり読まねばならず、単に目で内容を追うよりも深い学習が可能になる

3．音読には「自己参照効果」があり、記憶の定着率が高まる（219ページ参照）

これらのポイントをまとめて、心理学の世界では「プロダクション効果」と呼びます。アクティブラーニングや自己参照効果など、本書で取り上げてきた効果的な手法が音読にはいくつもふくまれている訳です。効果が高いのも当然でしょう。

話しかけるつもりで暗唱すると効果倍増

そんな音読のメリットをさらに引き出すのが、「話しかけるつもり音読」です。カナダのモントリオール大学が編み出したメソッドで、研究チームは、学生たちに単語の暗記を指示しつつ全体を4つのグループに分けました。

1. 単語を頭の中だけで暗唱
2. 唇を動かすけれど声には出さず単語を暗唱
3. 単語を声に出して音読
4. 単語を人に向かって音読

その後で単語テストをしたところ、結果は「人に向かって音読をしたグループ」の圧勝で、普通に音読したグループは2番手。3番目は唇を動かしたグループで、頭の中だけで暗唱をしたグループは最下位でした。

「話しかけるつもり音読」は、脳の社会的な活動をつかさどるエリアを刺激します。

そもそも古代より、人類は厳しい環境を生き抜くために、仲間たちと助け合いながら進化してきました。仲間の言葉を聞き逃せば死に直結しかねず、私たちの脳は、他人とのコミュニケーション中に激しく働き出すメカニズムが備わったのです。

そのため、**どんな勉強法でもコミュニケーションの要素を入れたほうが脳は活性化し、記憶への定着は高まります。**100ページの「教えるつもり勉強法」も、同じメカニズムを活かしたテクニックです。

もっとも、わざわざ音読を聞いてもらう相手を探す必要はありません。この実験では、話しかける相手がこちらの音読を聞いてなくとも、記憶力の向上が認められたからです。

つまり、音読を聞く相手がいなくとも、頭の中で「いま自分は友人に話しかけているのだ！」と考えてみても効果は得られることになります。

Point

テキストを音読しながら勉強しよう。人に話しかけるつもりで音読すると効果が高い。

上級テク3

マルチモーダル学習

五感をフルに使って勉強しよう！

ここまで、ひとりごとや音読のメリットを見てきました。
これらのテクニックからわかるのは、

・人間は、できるだけ多くの感覚を使ったほうが学習の成果があがる

という事実です。専門的には「マルチモーダル学習」と呼ばれる現象で、視覚だけでなく、聴覚や運動感覚などを

フルに使ったほうが脳への定着は進みます。

それも当然でしょう。もともと人間は、古くから五感をフルに使って獲物や外敵の情報を取り入れつつ生きのびてきた種族。いろいろな感覚を同時に使うあり方が脳には当たり前で、視覚ばかりを酷使するいまの学習は不自然なのです。

マルチモーダルの効果を引き出すには、1つのトピックを複数のメディアで復習するのがおすすめです。

たとえば、近代史で「冷戦の終結」について学びたいなら、次のような方法が考えられます。

- **授業中にまとめた近代史のノートを読み返す**
- **教科書の「冷戦」の部分をおさらいする**
- **オンラインの学習サイトで「冷戦」の項目を見てみる**
- **「冷戦ニュース」の動画などをオンラインで探す**
- **マインドマップを作り、あらためて「冷戦」について知っている内容をまとめ直す**

・**ネットの学習サイトや大学の過去問など、複数のソースから得た「冷戦」についての問題を解く**

1つのトピックについて、考えつく限りの方法を駆使して内容をおさらいしていきましょう。ノートだけでなく動画やマインドマップなどを活用することにより、視覚だけでない多くの感覚が動員されて、情報が頭に残りやすくなります。

学んだ内容のまとめを音声で記録しておく

私の場合、難しい本を読むときには聴覚を利用するケースが多いです。

まず「ひとりごと学習」の要領で音読を行い、1つの章を読み終えたら、そのまとめをスマホのレコーダーに吹き込みます。

たとえば、「最初のセクションには回帰分析の概要が書いてあり、次のブロックでは部分から全体を解読する重要性に触れていた」といったように、いま読んだばかりの内容を簡単に録音していくのです。

さらに、**本を完全に読み終わった後は、しばらく時間を置いてから吹き込んだ音声を聴いて復習します。**こうするとマルチモーダルな状態が生まれて内容を忘れにくくなり、本の骨子だけが頭に残る訳です。

このテクニックを学習に使う場合は、勉強が終わった後に、間違えた数学の問題や忘れていた英単語などを音声で残すのもありでしょう。その日の反省点を口に出して記録しておけば、後で自分が苦手なところを簡単に思い出しやすく、復習の効率アップに役立つはずです。

Point

勉強ができる人ほど五感をフル活用して学習する。1つのトピックを複数のメディアで復習するのがおすすめ。

上級テク4
ジェスチャー法

体で表現しながら単語を覚える

マルチモーダルの応用編を、もう1つ見ておきましょう。勉強の間にジェスチャーを使って、記憶の定着率を高めるテクニックです。

一例として、あなたがスペイン語の「manzana（リンゴ）」という単語を覚えたくなったとします。

そんなときは、あたかもリンゴを持って口に運んだかのような動作を取りながら、何度か「manzana」と発音してみればOK。普通に単語の書き取りをくり返すよりは、確

実に頭に残りやすくなります。

ジェスチャーの効果を調べたある実験では、さかんに体を動かしながら勉強をしたグループには、脳のさまざまなエリアが活発化する現象が認められました。

普通の勉強ではおもに脳内の言語に関わる部分だけが働きますが、体を動かしながら学ぶと感覚や運動系の機能も活動を始めます。

そのおかげで脳のさまざまな部位に情報が保存され、後で「リンゴの単語は何だっけ？」と思ったときにもスピーディーに正解を取り出せるのです。近所に1軒しかないスーパーよりも、そこら中にあるコンビニのほうが買い物に便利なのと似ています。

ジェスチャー法が使えるのは、具体的な知識を覚えるときだけではありません。抽象的な理論やアイデアを学ぶときにも、身ぶり手ぶりは役立ってくれます。

もし数学の「積分」を理解したいときには、どうすればいいでしょうか？

積分とは文字どおり何かを積み重ねることなので、面積であればとてつもなく細い線を平面にしきつめていくようなジェスチャーをすればよし。体積であればとてつもなく薄い板を重ねていくジェスチャーをしていきます。

概念を完璧に表現できなくても構わないので、自分なりのイメージでジェスチャーを使ってください。

さかんに体を動かすだけでも集中力は上がる

うまくジェスチャーが思いつかない人は、単に体を動かすだけでもそれなりの効果は得られます。勉強の内容を正確に表現できなくてもいいので、体を動かしてみましょう。

ミシシッピ大学が、おもしろい実験をしています。

研究チームは複数の少年を集め、全員にワーキングメモリを測るテストを実行。成績が良い被験者の特徴を調べたところ、もっともパフォーマンスが良かったのは、体をよく動かしながら作業にチャレンジした子どもでした。

足を何度も組み替えたり、机の上をリズミカルに叩いたり、さかんに貧乏ゆすりをしたりと、体を動かせば動かすほど子どもたちの成績が上がったのです。

この現象は、事前の検査で「集中力がない」と診断された子どものほうに大きく確認されました。**「いつも勉強に身が入らない……」「つい気がそれてしまう」といった悩みが大きい人ほど、勉強中にたくさん体を動かすことで学習の効率が上がるかもしれません。**

また、さかんに体を動かすのが苦手なら、「ストレスボール」のようなガジェットを使ってみてもいいでしょう。ゴムでできた球体のようなアイテムで、手で握りしめながら使うストレス解消グッズです。

教育学の世界では授業中の集中力アップに使われるケースが多く、実際にストレスボールを使った実験でも、学生たちの注意力・文章力・コミュニケーション能力などが有意に改善しています。

ほかにも、単にボールペンを回してみたり、消しゴムをいじくってみるのもアリです。難しい本を読むと気が散ってしまうような人は、指先だけでも動かしてみましょう。

Point

ジェスチャーしながら暗記するとよく覚えられる。嫌われがちな「ペン回し」も集中力アップに効果あり。

上級テク5

勉強中にも運動をする

立ちながらの勉強で集中力アップ

第4章では勉強後に運動をするテクニックを紹介しましたが、エクササイズが役立つシーンはそれだけではありません。勉強の間に運動をしても、やはり高い効果が得られるのです。

もちろん勉強中に筋トレやランニングをする必要はなく、ごく軽い運動を組み込めば大丈夫。単にイスから立つという動作だけでも効果があるのです。中でも手軽なのはスタンディング・デスクでしょう。

スタンディング・デスクは、イスを使わずに立ったまま作業を行うための机です。ここ数年は運動不足を解消するためのアイテムとして評判を呼び、GoogleやFacebookなどの大企業も採用してきました。

さらに、近年で研究が進んだのが学力アップの効果です。**立ったまま勉強をしたほうが集中力が増し、モチベーションも上がるというのです。**

ここ数年は臨床データも多く、テキサスA&M大学の実験によれば、スタンディング・デスクで授業を受けた小学生は作業の達成度が12％上がり、子ども同士の私語が減ったうえに、グループディスカッションへの積極性も改善しました。

12％の達成度アップは、集中力が1時間あたり7分ほど伸びた計算になります。立って勉強しただけで、これほど効果が高まるのは驚きでしょう。

さらに長期の研究では、**スタンディング・デスクで頭が良くなった**との報告も出ています。こちらは高校生を対象にした実験で、24週間、立ったまま勉強を続けさせたところ、大半の生徒は認知テストの成績が上がり、脳の実行機能にも改善が見られました。

実行機能とは、目の前の問題を分析し、解決できそうな状態まで落とし込む脳の働きのことです。大事な情報を記憶したり、考えた内容を簡潔にまとめたりと、効率の良い勉強には欠かせません。

被験者の脳を調べたところ、スタンディング・デスクを使った生徒は前頭葉の血流が上がっていました。人間の足は心臓に血液を送るポンプのような働きをしますから、立ちながらの勉強で脳にも血がめぐりやすくなったのでしょう。

スタンディング・デスクの正しい使い方は？

スタンディング・デスクはネットの通販サイトなどで購入できますが、なにも専用の机を買わなくても問題ありません。いつもの机に箱を置き、その上に教材を広げて勉強すれば十分です。

実際、私も書斎の両端に置いた本棚に大きな板を通し、オリジナルのスタンディング・デスクを作りました。立ちながら作業さえできれば、どのような机でも同じ効果は得られます。

ただし、スタンディング・デスクを使い出して間もないうちは、あまり長時間にわたって立ち続けないでください。慣れないとつい同じ姿勢のままになりやすく、腰や肩に違和感が出やすくなります。

最初のうちは、ワンセット5〜10分ぐらいにしておき、少しずつ時間を伸ばしていくのが無難でしょう。体が慣れるまでは、スタンディングと座り作業を定期的に切り替えるのがおすすめです。

また、もしスタンディング・デスクに慣れた後でも、60分を超えて勉強するときは、必ず10分おきに体を動かすように意識しましょう。座りっぱなしが体に良くないように、同じ姿勢で立ち続けるのも体に良くありません。

慣れたらエクササイズの負荷を上げる

立ちながらの勉強に慣れてきたら、もう少しエクササイズの負荷を上げてみましょう。MVPAレベルの中高強度の運動（193ページ）には、記憶力アップの効果も確認されているからです。

女性を対象にしたある実験では、被験者にエアロバイクをこぎながら外国語の単語を覚えるように指示しました。それから数時間後にテストを行うと、なんと運動をしながら学んだ人は、普通に単語を記憶した人より成績が上でした。両グループの得点には実に40％もの開きがあり、研究チームも驚くレベルだったといいます。

このデータを現実に活かすなら、

- **軽くジョギングをしながらオーディオブックを聴く**
- **自宅で軽くスクワットをしながら参考書を復習する**
- **机の前で足踏みしながら教科書を読む**

といった使い方が考えられるでしょう。

このテクニックで大事なのは、あくまでMVPAレベルの中高強度の運動にとどめるところです。ランニングの場合は時速6キロを超えたら負荷が高すぎるので、何とか息があがらないレベルを目指してください。

私の場合は、書斎に作ったスタンディング・デスクの下に、オリンピック強化選手のトレーニング用に作られたステッパーを置き、これを踏みながら原稿のライティングをしています。

その姿を見た人からは「よくそんな状態でキーボードが打てるね」と驚かれますが、現実には何の問題もないどころか、運動の作用で高い集中力が維持できてとても快適です。いまでは、作業中にイスを使うほうがめずらしくなってしまいました。

Point

立ちながら勉強すると脳の血流がアップし、頭が良くなる。軽い運動をしながら勉強すると記憶の定着率が上がる。

上級テク6

苦手意識を消す

苦手意識は学習の成果を激しく下げる

誰にでも、1つや2つは苦手な科目があるでしょう。「三次関数だけはいつも解けない」「自分は英語の才能がないんだろうな」「どの科目でも文章題は嫌いだ」……。

特定の科目や問題に苦手意識を持つことは、実はあなたが思う以上に学習の成果に影響を与えています。

一例として、昔から教育学の世界では、なぜか女性のほうが数学の成績が悪いという報告がありました。小学校の

低学年のころは男女にスキルの差はないのに、学年が進むごとに不思議と差が開いていくというのです。

最初のころ、この現象は男女の脳の違いが原因ではないかと考えられていましたが、ニューヨーク大学による質の高い研究で新たな原因が明らかになりました。

1998年から2011年にかけて行われた学力テストのデータをあらためて調べたところ、**「女性は数字が苦手な生き物だ」との偏見を持つ教師に教わった生徒ほど、ハッキリと数学の成績が落ちていたのです。**

おそらく教師の偏見が子どもたちに伝わり、女子生徒の中に「自分は数学が得意ではない」との苦手意識が成長。そのせいで勉強のモチベーションが下がってしまい、本当に数学が苦手になったのでしょう。なんとも大きな損害です。

逆に、別の大学が行った研究では、**「自分は数学が得意だ」と思っていた学生は、実際には他の生徒より数学のスキルが低かったとしても、よりねばり強く問題に取り組む傾向が確認されました。**実際には能力が追いついていなくても、思い込みの力がモチベーションを大きく高める訳です。

苦手意識の悪影響を打ち消すには？

そこで6つ目の上級テクニックは、苦手意識を消すことです。**不得意な科目を前にしてもやる気が落ちないように、自分の考え方をコントロールしましょう。**

「そんな簡単に苦手意識は消えない」と思われた方も多いかもしれません。特定の科目を嫌がる気持ちは長年のミスや失敗の積み重ねで育まれたものです。そう簡単に解消できるなら苦労はないでしょう。

確かにこの感覚は正しく、自分の思い込みや偏見はなかなか消せません。人間の脳は短い記憶はすぐ忘れてしまう代わりに、いったん頭に刻み込まれた情報はがんばっても捨てられないからです。本項が上級テクニックとして扱われているのも、このためです。

しかし、まだ工夫の余地はあります。**苦手意識を完全に消すのは不可能としても、悪影響を減らすことならできるのです。**

その方法はとても簡単で、勉強の前にこんな作業をします。

・苦手な科目について、自分が過去にうまくできたときの経験を口に出すか、紙に書き出してみる

どんなに苦手な科目だろうが、過去に一度ぐらいはテストで良い点を取ったとか、誰かにほめられたとか、応用問題をスラスラ解けたとか、良い経験を持っているはず。ささいな内容でも構わないので、過去に味わった〝小さな勝利〟を思い出してみてください。

シンプルな手法ながら効果は意外なほど高く、アメリカでの検証テストでも、このテクニックを使った人のほとんどは問題解決の能力が上がり、作業のモチベーションも大きく改善しました。中には、IQが10ポイントも上昇した人までいたというから驚きです。

学習で高い成果をあげている人ほど、実はこうした地道な工夫を欠かしません。苦手意識で本来のパフォーマンスが発揮できない人は、ぜひテスト前などに試してください。

Point

考え方をコントロールすることで苦手意識は克服できる。勉強前に「小さな成功体験」を思い出してみよう。

上級テク7

オーバーラーニング

一流の人ほど基本的なトレーニングをくり返す、その理由とは？

上級者向けの最後のテクニックは「オーバーラーニング」です。おもにスポーツや音楽の世界で使われてきたメソッドで、簡単に言えば、**すでにマスターしたスキルをさらに練習する手法**を指します。

黒帯の空手家が基本的な型を何度もくり返し、プロのピアニストがあえてバイエルをやり直すのは、まさに「オーバーラーニング」の典型的な例。プロの中でも一流に近い人ほど、意識せずして基本練習をくり返す傾向があります。

さらに最近では、「オーバーラーニング」の考え方が学習面で記憶の定着にも使えることがわかってきています。２０１７年、ブラウン大学が集めた男女が、特定の画像を記憶するトレーニングを実践し、２つのパターンで学習を行いました。

1.「十分にうまくできるようになった」と思ったら学習を止め、30分の休憩をはさんでから別のスキルのトレーニングを行う

2.「十分にうまくできるようになった」と思っても、20〜30分だけ同じ訓練を継続。その後、30分の休憩をはさんでから別のスキルのトレーニングを行う

言うまでもなく、グループ2が「オーバーラーニング」です。**自分が「これ以上やっても上達しないだろうな……」と実感したところから、さらに同じ内容の学習を続けます。**

そして翌日、すべての被験者に記憶テストを行ったところ、結果は以下のようなものでした。

- オーバーラーニングをしたグループは、1番目に学習した内容をとてもよく記憶し、2

番目に学んだ内容も覚えていた
- オーバーラーニングをしなかったグループは、2番目に学んだ内容だけは記憶していたが、1番目に学んだ内容をほとんど忘れていた

要するに、「もう大丈夫だ」と思った時点ですぐ次の科目に移ると、最初に学んだ内容がうまく記憶できなくなってしまう訳です。ちょっと意外な現象ではないでしょうか。

「オーバーラーニング」で脳に情報が定着する

「オーバーラーニング」の効果には、脳の独特なメカニズムが関わっています。

私たちが新しいスキルを学び始めると、脳は「学習モード」に切り替わり、積極的に情報を取り込もうと働き出します。もちろん、新しいことを学ぶためにはこの「学習モード」が欠かせないのですが、そのままの状態が続いてしまうと、実は記憶の定着に副作用が出てしまうのです。

「学習モード」とは、いわばカップラーメンのフタを開けたような状態です。おいしく食べるには適量のお湯を入れねばならず、いつまでも注ぎ続ければ、すぐにカップから液体があふれてしまうでしょう。

私たちの脳も同じです。「学習モード」に入ったら、適度な量の内容が脳に入ったところで学習を止めないと、後から入ってきた情報が先に学んだデータを押し流します。

そしてそのせいで最初に覚えたことを忘れやすくなり、せっかくの勉強がムダに終わってしまう訳です。

しかし、このタイミングで「オーバーラーニング」をはさむと、おもしろい変化が起きます。**「もう大丈夫だ」と思ったはずの情報をさらに取り込むことで脳が「定着モード」に切り替わり、積極的に情報を頭に残そうとし始めるのです。**

こうして最初に学んだ内容は脳内に保たれ、後から別の情報が入ってきても押し流されません。これが、「オーバーラーニング」が効く仕組みです。

英単語の勉強を例に、「オーバーラーニング」の使い方を見てみましょう。

オーバーラーニングで脳を「定着モード」に

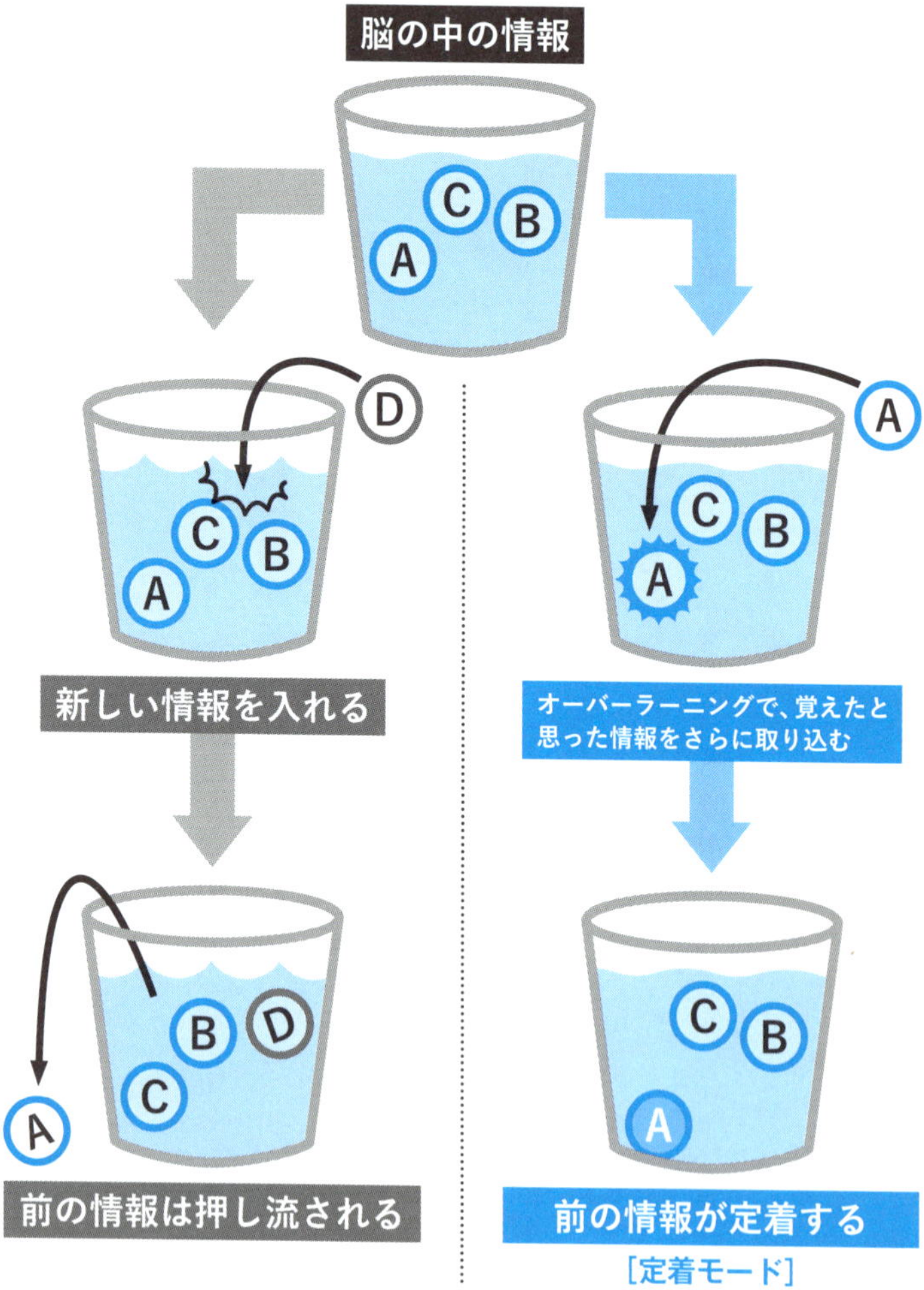

1．決めた数だけ単語を覚える作業をくり返す
2．「とりあえず今日は完璧に覚えたな」と感じられるところまで記憶する
3．そこから、さらに20分ほど同じ単語を記憶し続ける

英単語に限らずとも、すでにマスターした数学の解法をさらに練習してもいいですし、完全に頭に入った歴史の流れを何度も読み返してもいいでしょう。とにかく、「もう十分」と思ってから、さらに同じ学習を続けるのがポイントです。

ちょっと面倒に思うかもしれませんが、「いま自分の頭は定着モードに入ったのだ」と考えてがんばってみてください。

Point

「もう大丈夫だ」と思った時点で、さらに同じ勉強をくり返そう。すると、頭が「学習モード」から「定着モード」に切り替わる。

第6章

才能の差は、こうして超えろ！

地頭を良くする
科学的トレーニング

Introduction

努力で才能の差は超えられるのか？

かつて「1万時間の法則」なる言葉が流行ったことがありました。1万時間の集中的なトレーニングを積めば誰でも天才になれると言われ、科学的に正しい唯一の「成功法則」として広い人気を集めた仮説です。

確かに、この法則が事実なら話は簡単でしょう。よけいなことは考えず、ひたすら訓練にさえ打ち込めれば誰もがその道の達人になれてしまう訳ですから（もちろん1万時間も費やすのは大変なことですが）。

しかし、現実はそこまでシンプルではありませんでした。最新の研究で「1万時間の法則」の元ネタとなった論文に不備が見つかり、実際には、世間で言われるよりも練習の影響力が低いことがわかったのです。

これはミシガン州立大学が明らかにした事実で、研究チームは、過去に行われた音楽、ゲーム、勉強、音楽などの研究をまとめて分析し、科学的に信頼性が高い結論を導き出しました。

計算によれば、特定の分野をマスターするために必要な要素のうち、練習の影響力はなんと12%。残りの88%には、周囲の環境やトレーニングの開始年齢など、本人の努力ではいかんともしがたい要素が関わっていました。

念のため強調しておきますが、この結果は、決して「勉強など不要だ」という意味ではありません。成果を出すには、間違いなく勉強は重要です。

新しい研究の大事な点は、**「個人の能力差は練習の分量だけでは説明がつかない」**と示したところです。

勉強に限らず、どのような分野でも、たいした努力もせずに頂点にたどり着く人は少なくありません。「1万時間の法則」が表すように、トレーニングさえ積めば誰もが天才になれるというような事実はなく、やはり生まれつきの才能は厳然と存在します。

トレーニングで地頭を伸ばせば天才に近づける

いったい、生まれつきの天才と凡人を分かつポイントはどこにあるのでしょう？　練習量がそこまでの影響力を持たないのなら、いったい何が、私たちと彼らの能力の差を左右するのでしょうか？

その答えは、まだ科学的にハッキリしていません。勉強の成果を決める要素は無数に存在しており、影響力のランクづけも簡単なことではないからです。

そこで本書では数ある中から、勉強の成果を決める要素を次の2つのポイントに絞りました。

1．ワーキングメモリ
2．マインドセット

くわしくは後で説明しますが、どちらも勉強の成果を決める大事なポイントです。

他の要素とは違って後天的なトレーニングで向上させやすく、この2つを伸ばせば、俗

に「地頭が良い」と呼ばれる状態に変わることができます。

これは、いわば家づくりにおける基礎工事のようなものです。どれだけの大金をかけた建築でも、基礎の上に堅固な土台を築かなければ立派な柱は立てられません。地頭を伸ばして脳の土台を盤石にしておき、そこへさらに努力の柱を立てていくイメージです。

大事なのは、前章までにお伝えしたテクニックで着実に学習経験を重ねつつ、余った時間で地頭を伸ばすトレーニングを行うこと。この組み合わせを続ければ、生まれつきの天才に匹敵する能力を獲得するのも夢ではありません。

地頭の土台づくり1

ワーキングメモリ

ワーキングメモリの性能を上げる5つの方法

ワーキングメモリは、これまでにも第3章や第4章で登場した脳の重要な機能です。短時間だけ頭の中で情報をコントロールできる機能で、この働きが大きければ大きいほど、勉強の成果も出やすくなります。

ワーキングメモリはここ数年の間に、トレーニングによって性能をアップさせる方法が見つかっています。代表的なものを5つ紹介しましょう。

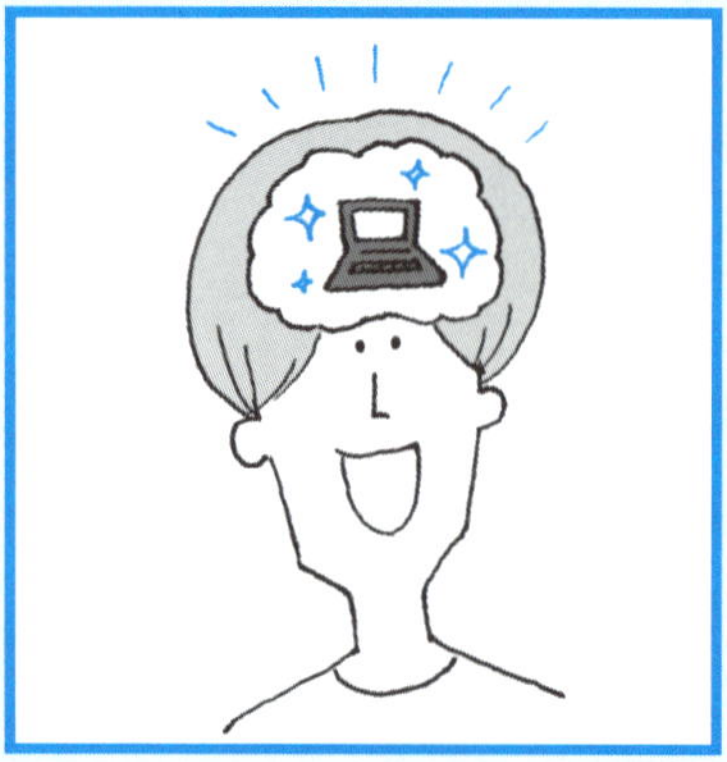

ワーキングメモリ性能アップ1

運動

ウォーキングだけでも脳は活性化される

まずは運動です。ここまで何度もエクササイズによる記憶力アップの効果をお伝えしてきましたが、地頭を良くする働きも持っています。

しかも、**ワーキングメモリを上げるために複雑なエクササイズは必要ありません。ウォーキングだけでも脳のパフォーマンスは上がるのです。**

一例としては、イリノイ大学が、定期的なウォーキングの効果を確かめた実験がありまず。被験者は1日40分のウォーキングを週に3回のペースで続け、脳の変化をｆＭＲＩで確認しました。

1年後、ウォーキングを続けた男女は脳の神経回路が増え、「デフォルト・モード・ネットワーク」(DMN)と呼ばれるシステムが活発化していました。

DMNは、頭の中で感情や記憶などの情報をつなぐための回路です。この連絡が良くなると認知の働きが上がり、未来の計画、スケジューリング、マルチタスクなどもうまくなります。

ワーキングメモリを伸ばす運動のガイドライン

ワーキングメモリの改善に必要なウォーキングの量は、とりあえず最低でも1回10分を目指してください。慣れたら30〜40分を目安に、週に3回ほどのペースで実践していくのがおすすめです。

運動の強度は、軽く呼吸が乱れるレベルのスピードで行ってください。具体的には、最大心拍数の50〜60%ぐらいを目指すといいでしょう。

また、最大心拍数を割り出す方法としては「220－年齢」の公式がよく使われますが、誤差が大きいため現在のスポーツ界ではマイナーな方式です。

もっと正確な数値を出したいときは「208－0・7×年齢」を使ってください。こちらは約1万9千人分のデータを元にした判断法なので、より精密な数字を割り出せます。

ちなみに、**運動はワーキングメモリだけでなく、脳の〝海馬〟を大きくする働きも持っています。**ここは記憶や学習に関わる脳のエリアで、新しく覚えた情報を保存するための大事な部位。勉強の効率アップにも欠かせません。

過去14件の研究をまとめた質が高いデータによれば、**海馬を増やすための運動ガイドライン**はこのようになります。

1．軽い運動の場合：1回40分のウォーキングを週に3回。最大心拍数の50～60％ぐらいで6～12か月続ける

2．負荷が高い運動の場合：1回30～60分のジョギングまたはサイクリングを週3回。最大心拍数の80％ぐらいで3～6か月続ける

運動とワーキングメモリの研究はまだ歴史が浅いので、今後の調査によっては最適なラインが変わる可能性はあります。が、いずれにせよ運動が脳の健康に良いのは間違いないので、ぜひ毎日の習慣にしてください。

Point

ウォーキングで脳の神経回路が発達して頭の働きは良くなる。1回40分を週に3回、習慣にしてみよう。

ワーキングメモリ性能アップ2

テレビゲーム

「テレビゲームは脳に良い」という分析結果

ゲームといえばヒマつぶしのようなイメージが強いですが、近年の科学界では、頭を良くするメリットが注目されるようになりました。

代表的なのは、カタルーニャ大学などが行ったメタ分析です。脳とゲームについて調べた研究を選び、良いデータだけを分析したもので、現時点ではもっとも信頼がおける内容と言えます。

その結論をひとことで言えば、「テレビゲームは脳に良い」というものです。

具体的には、先ほども触れた海馬が大きくなり、注意力を保つ力が増え、ワーキングメモリが向上します。中でも、ストレスが高い状況で集中力を保つ能力が高まりやすいため、テストが近い学生やプレゼンをひかえたビジネスパーソンには、とても役に立つはずです。

脳の力がアップしやすいゲームとは？

脳力アップに使えるゲームの条件は、次のようになります。

- **リアルタイムの判断を要求される**
- **謎解きの要素がある**
- **3D空間を飛び回れる**

すべてを満たす必要はありませんが、**これら3つの条件を満たしたゲームほど脳への負荷が大きく、認知トレーニングとしての効果は高まります。**

参考までに、いままでの実験で、脳機能の向上が確認されたタイトルもあげておきましょう。

- スーパーマリオ64
- スタークラフト
- リーグ・オブ・レジェンド
- Dota 2

もちろん、これらのゲームがすべてではありません。「スーパーマリオ64」に代表されるように、リアルタイムで難しい判断を求められるゲームであれば、どんなタイトルでも効果は出やすいはず。

その意味では、「ゼルダの伝説」や「Heroes of the Storm」といったゲームにも可能性はありそうです。

ゲームの効果は諸刃《もろは》の剣

もっとも、テレビゲームにはデメリットもあるので注意してください。先ほど取り上げたメタ分析では、ゲームのマイナス面が2つ確認されています。

- **脳の報酬システムが変化を起こし、中毒症状に似た状態におちいる**
- **外部の刺激に反応しやすくなり、脳が報酬に弱くなってしまう**

よくできたゲームほど絶妙なタイミングでアイテムが手に入り、程良い難度でステージをクリアできるように設計されています。この快適さが脳の報酬スイッチを過剰に押してしまう、という訳です。

いったんこうなると、ゲームの続きにばかり意識が向かい、せっかく高まったワーキングメモリや集中力を学習に活かせません。その意味でゲームは諸刃の剣なので、あらかじめ「10分が過ぎたら止める」といった厳格なルールを決めておく必要があります。

Point

「テレビゲームは勉強の邪魔」は過去の話。上手に取り入れれば気分転換以上の効果が生まれる。

ワーキングメモリ性能アップ3

楽器

ミュージシャンは記憶力が良い人が多い

かつて「クラシック音楽で頭が良くなる」といった俗説が流れたことがありましたが、もちろんこれは完全に疑似科学。音楽を聴くだけで脳機能が上がるような、うまい話はありません。

しかしその一方で、最近は、**「楽器の習得」であればワーキングメモリに効果がある、**という実証データが出てきました。有名なのはパドヴァ大学が行ったリサーチで、過去に行われた大量のデータをまとめたうえで、楽器のトレーニングが脳に良いのかどうかを調べています。

その結論は、「楽器を学んだ期間が長い人ほど短期記憶の働きが良く、ワーキングメモリの性能も高い」というものでした。ミュージシャンは総じて記憶力が良く、たとえばランダムに並んだ数列をすぐに覚えるような作業がうまかったのです。

楽器が脳に効く理由とは？

楽器が脳に良い理由はいくつもありますが、もっとも大きいのは、音楽のトレーニングが根本的にマルチモーダルな点です（228ページ）。

楽器を弾くときには、楽譜に書かれた記号を脳内で音に結びつけ、この情報をさらに体の動きに変換していかねばなりません。そのプロセスには、視覚、聴覚、運動感覚などの要素がすべてふくまれ、さまざまな感覚のバリエーションで脳に刺激を与えます。

かくして最終的にワーキングメモリが向上し、物事を瞬時に覚える能力へつながっていくという訳です。

別の言い方をすれば、**音楽の勉強とは、情報のチャンク化を学ぶトレーニング**でもあります。本来は何の区切りもないはずの音の流れに対して、メロディやリズムといったフレームワークを使って情報をわかりやすくまとめ、自分にとって飲み込みやすい形に変換していく作業は、まさに第2章で説明したチャンク化そのものです。

学ぶ楽器はなんでも構いません。ピアノでもギターでもドラムでも、マルチモーダルとチャンク化という2つの要素さえ満たせば効果は出ます。

唯一のコツは、音楽を楽しむことです。

ワーキングメモリを鍛えようとして楽器を練習してもモチベーションが続きませんし、なにより楽しんでやらないと脳には刺激が伝わりません。この点だけ守れば、音楽は楽しい脳トレになります。

Point

音楽は「鑑賞」よりも「演奏」。
楽器の練習が脳のワーキングメモリを発達させる。

ワーキングメモリ性能アップ4

筆記開示

紙に書きなぐることで脳が効率良く動き出す

筆記開示は、昔からカウンセリングの世界で使われてきた定番の心理療法です。不安やうつ病への効果が高く、数百を超す研究で実力が認められてきました。

そのやり方はとても簡単で、

・自分の悩みをノンストップで紙に書きなぐる

これだけです。この作業を1日20分ずつ数週間ぐらい続けると不安が消え、少しずつ幸福度が上がっていきます。ネガティブな感情を外に書き出したおかげで客観性が生まれ、自分の中に悩みをため込んだ状態よりも問題への対処が容易になるからです。

この手法がすごいのは、メンタル改善だけでなく脳機能アップの作用も認められつつあるところです。たとえば、ミシガン州立大学では不安症に悩む学生を集め、全体を次の2つのグループに分けて実験を行いました。

1. 筆記開示を行う
2. 前日に起きたことを書き出す

どちらのグループも記入時間は8分だけですが、その効果には大きな違いが見られました。脳機能を測るテストをしたところ、筆記開示を行った学生だけにワーキングメモリの向上が見られたのです。

このような変化が出たのは、そもそも私たちの悩みや不安がワーキングメモリの働きを下げる作用を伴っているからです。

頭に心配ごとが浮かぶと、脳はついそちらに処理能力を使ってしまい、認知のための力をほかにまわす余裕がなくなります。

勉強をしながらも、一方では自分の悩みをモニタリングし、さらにはその感情を抑えようとする……。そんな状態では学習に身が入るはずもありません。**心配ごとが多い人とは、つねにマルチタスクで作業をしている人と同じことなのです。**

が、ここで筆記開示を行うと、脳のワーキングメモリから「心配」という荷物が下ろされ、脳のリソースが解放されます。紙の上に心配ごとを吐き出したせいで、より効率良く脳を使えるようになった訳です。

筆記開示を正しく使う3つのポイント

筆記開示を行う際は、次の3つのポイントを守ってください。

■1：タイミング

筆記開示は、勉強が終わった後、または寝る前に8分だけ行うのがベストです。重い作業で脳のメモリがいっぱいになったタイミングで、その日の悩みを書き出しましょう。

■2：内容

筆記開示・3つのポイント

1 タイミング

勉強が終わった後、
または寝る前に
8分だけ行うのがベスト。
その日の悩みを書き出す。

2 内容

勉強の不安、
小さい不満や
心配ごとなど、
どんな内容でもOK。
頭の中の問題を
すべて吐き出す。

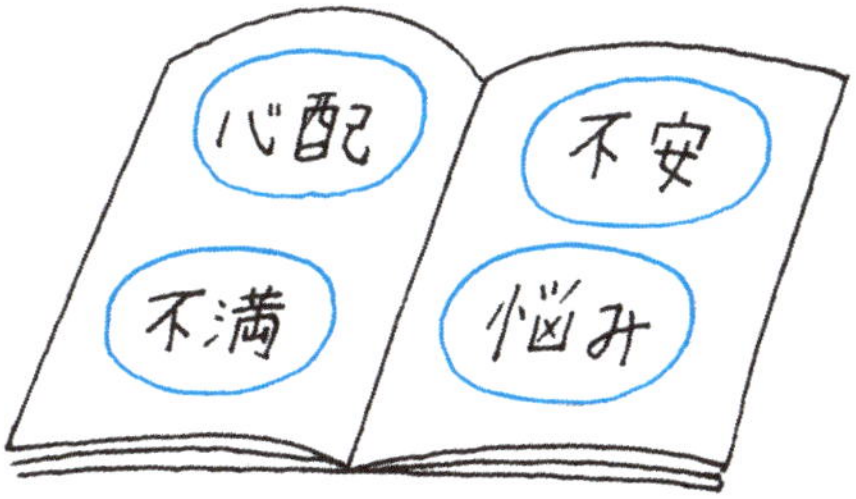

3 期間

長く続けるほど
効果が出やすいので、
最低でも4週間は続ける
のがおすすめ。

紙に書き出すのはどんな内容でも構いません。「基本問題を間違えるなんてマズいな……」「もうすぐテスト本番だな……」といった勉強の不安はもちろん、「今日のあいつの発言ムカついた！」「モチベーションが上がらない……」などの小さな不満や心配ごとでもOK。はっきり気持ちが表現できなければ、「なんだかわからないけど不安でいっぱいだ！」と書き出してみてください。**とにかく頭の中の問題をすべて吐き出すことが大事です。**

■3：期間

先の研究では筆記開示をした直後にワーキングメモリが上がりましたが、多くの研究では、長く続けるほど効果が出やすいことがわかっています。明確な期間は決まっていないものの、最低でも4週間は続けるのがおすすめです。

心配ごとのせいで脳がうまく働かない人は、寝る前に8分でいいのでネガティブな感情を吐き出してみましょう。それだけで、翌日の勉強がスムーズに進むはずです。

Point

悩みごとは頭にためずに紙に書き出してみよう。その分だけ脳のスペースが空いて学習に集中できる。

ワーキングメモリ性能アップ5
DNB

記憶力を競うシンプルなゲームを利用する

「DNB」は「デュアルNバック課題」の略です。短期の記憶力を競うシンプルなゲームで、多くの実験で脳機能の改善が確認されています。

必要なプレイ時間は1日15分で、1か月のトレーニングでIQの向上が望めます。**頭を良くする手法としては、もっとも効果が期待できるテクニック**の1つでしょう。

「DNB」を起動すると、まず画面には9個のマス目が現れます。そこに登場する記号の位置や音声を当てていくのが「DNB」の基本ルールです。

といってもわかりづらいでしょうから、くわしくは実際に遊んでみるのが一番。パソコ

短期の記憶力を競うDNBゲーム

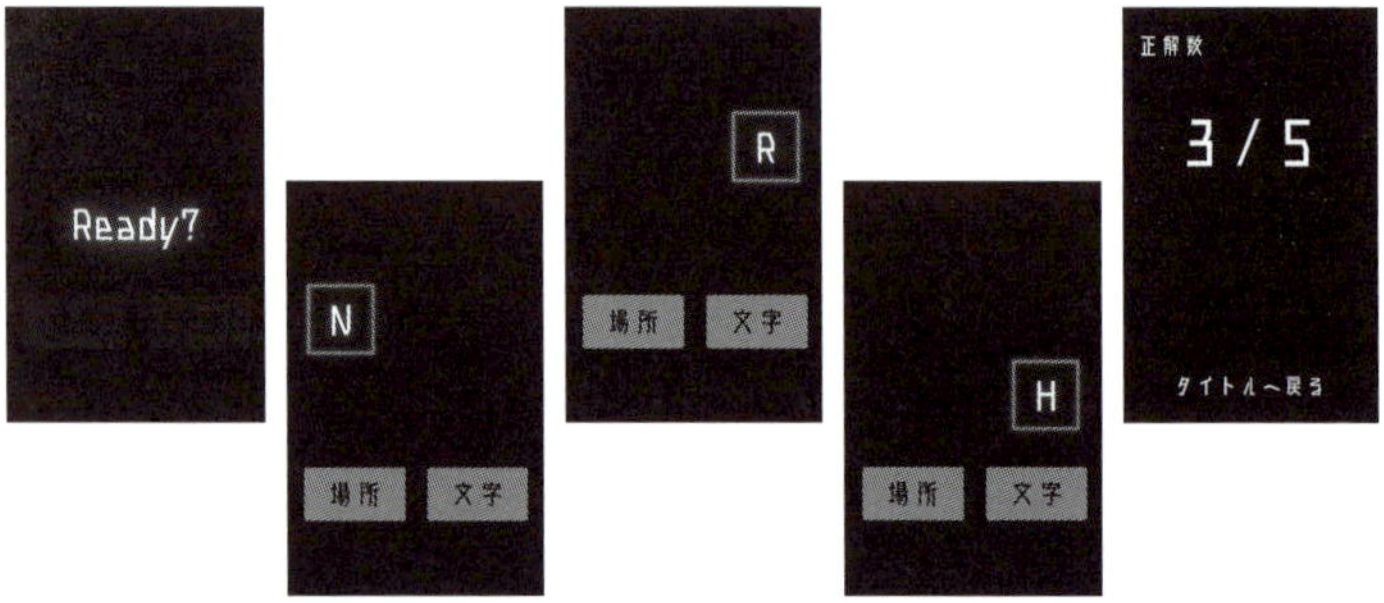

DNB　15分IQアップ脳トレゲーム

短期の記憶力を鍛えるスマホ用ゲームアプリ（無料）。
次々に点滅するアルファベットの「場所」と「文字」を記憶して正解数を競う。
１週間単位で回答数が記録できるため、トレーニングを習慣化しやすい。

ンでは「Brain Workshop」（http://brainworkshop.sourceforge.net）のようなツールも使えますし、最近は私が監修したスマホ用のアプリも無料公開されています。「ＤＮＢ　15分ＩＱアップ脳トレゲーム」で検索してみてください。

Point

IQを向上させたければ、ゲームを利用してみよう。トレーニングを習慣化させやすいのでおすすめ。

地頭の土台づくり2
マインドセット

マインドセットを高める5つの方法

地頭を良くするために必要な要素の2つ目が「マインドセット」です。

これはスタンフォード大学のキャロル・ドゥエック博士が提唱したアイデアで、**心の中に根づく深い「信念」**や**「考え方」**を意味します。

多くの人が持つマインドセットは、大きく分けると次の2つになります。

- **硬直マインドセット＝「人間の能力は生まれつき決まっていて変えられない」という考え方**
- **成長マインドセット＝「人間の能力は後から変えられる」という考え方**

どちらの思考を持つかによって、あなたの地頭は大きく変わります。
必要なのは、もちろん成長マインドセットのほうです。この思考の持ち主は、自分の能力は努力やテクニックで伸ばせると考え、効果がありそうなものはなんでもチャレンジしますし、失敗を嫌いません。たとえ失敗しても、自分の才能や能力が原因だとは感じないからです。

成長マインドセットを育てれば、生まれつきの天才にはかなわないにせよ、それに近いパフォーマンスを発揮しやすくなります。世間で「努力の天才」と呼ばれるような人たちは、みんな似たような思考法を持っているのです。

ここでまとめると、成長マインドセットを持つと失敗を恐れなくなり、そのせいで自然にトライアル・アンド・エラーが増え、結果として成功の回数もアップします。そして、この成功体験が自信になり、さらに試行錯誤の量が増えていきます。

この上昇スパイラルに入れば、後はマインドセットのおもむくままにチャレンジを続けるのみ。誰から言われなくとも自然に努力が積み重なり、最後にはあなたの能力も高まっていきます。

逆に硬直マインドセットを持つ人は、すべて自分の才能が原因だととらえるため、失敗を強く恐れます。少しの失敗でも「自分はもうダメだ！」「能力がないんだ！」と思いやすく、最終的には、自分がうまくできそうなことにしか興味を示さなくなります。スキルが上達しないのも当然でしょう。

かつて、マインドセットは生まれつきの個人差があるとも言われましたが、幸いにも現在は、いくつかのトレーニングで考え方を切り替えられることがわかっています。くわしく見ていきましょう。

成長マインドセット1

マインドセットを解説するメディアに触れる

動画を見るだけで効果が表れる

1つ目のテクニックは、マインドセットに関するメディアに触れることです。**「人間の能力は後から変えられる」という事実を述べた動画、本、音声などを積極的に取り入れていきましょう。**

とてもシンプルですが、これほど短時間でマインドセットに影響が出るテクニックもありません。

事実、**スタンフォード大学による実験では、マインドセットの解説動画を50分ほど見た学生は、それだけで学期末テストの成績が上がり、落第点を取る確率が3%ほど低くなりました。**数字だけ見れば小さな変化ながら、たった50分の導入にしては、かなりの成果だと言えます。

マインドセットを養うためのメディアガイド

実験で使われた動画は、おもに脳の柔軟性を解説したものです。

「ヒトの脳は子ども時代に形が決まり、大人になってからは変わらない」と言われたのはもはや過去の話。**現在の研究では、脳には大きな柔軟性があり、たとえ80歳になろうが神経ネットワークを変えられることがわかってきています。**

実験で使われた動画では、この事実をマインドセットにつなげて、私たちの脳がいかにトレーニングで育つかを解説しています。マインドセットを変えたい場合は、似たような内容について触れた動画や本に触れてみるのがいいでしょう。

参考までに、いくつか例をあげておきます。

- TED動画「キャロル・ドウェック：必ずできる！－未来を信じる「脳の力」－」
https://www.ted.com/talks/carol_dweck_the_power_of_believing_that_you_can_improve

?language=ja
・書籍『マインドセット：「やればできる！」の研究』（キャロル・ドゥエック著／草思社）
・書籍『私たちは子どもに何ができるのか　非認知能力を育み、格差に挑む』（ポール・タフ著／英治出版）
・書籍『脳はいかに治癒をもたらすか　神経可塑性研究の最前線』（ノーマン・ドイジ著／紀伊國屋書店）

これらの内容を頭に入れておくだけでも、あなたの中には確実に成長マインドセットの種が植え付けられます。

Point

「人間の能力は変えられる」というマインドセットを持つ。動画を見たり書籍を読んで「やればできる！」を確信しよう。

成長マインドセット2

選択と戦略をほめる

自らが行った選択と戦略を肯定する

次に必要なのは、自分が行った「選択」と「戦略」をほめるように、日ごろから心がけておくことです。具体的な例を見てみましょう。

- 選択：「集中している人の中に交じって勉強するように決めた」「1つの参考書を徹底的にやり抜くことにした」「数ある勉強法からアクティブラーニングに的を絞った」
- 戦略：「数学の勉強で目標を細かく設定した」「教科書の内容をクイズ化して復習をしやすくした」「計画的に昼寝をして脳をリセットした」

どんな生まれつきの天才でも、何の方向性も決めずに動くばかりでは、どこにもたどり着けません。いくら世界史の流れを読み解くセンスを持ち合わせていようが、歴史マンガだけで知識は身につかないでしょう。

効果がない戦略を使い続けて努力の量だけを倍にしても無意味。正しい選択と戦略の2つがあってこそ、初めて才能と努力が結果に結びつくのです。

ところが、いまの社会では個人の才能をほめるばかりで、「選択」と「戦略」にはあまり目を向けません。

能力ばかりをもてはやすと、私たちの頭には「自分は生まれつきの能力のおかげでほめられているのだ」といった思考が育ち、さらなるチャレンジを止めてしまいます。才能を失う恐怖感が生まれるからです。

つまり、何かに成功したときに「自分はできる人間だ！」と思うのは完全にNGです。「ゴールを細かく決めたのが良かった」や「この参考書を選んだのが正解だった」のように、あなたが行った正しい選択と戦略をねぎらうほうが大事なのです。

これは、ひとことで言えば**「プロセスをほめる」**ということです。
効率が良い勉強のために優良なリソースを選び、ちゃんとした計画を立て、しっかりと成長に結びつけたか？　この一連のプロセスにだけ注意を向け、自分の才能にこだわらないように注意してください。

Point

自分の能力ではなく「選択」や「戦略」というプロセスをほめることで、次にチャレンジする意欲が湧いてくる。

成長マインドセット3

「努力は報われないもの」と認める

まず、事実を冷静に受け止める

「努力は必ず報われる」などとよく言いますが、これが事実でないことはご存じのとおりです。先にも見たように、努力では生来の才能を追い越せませんし、普通に生きていれば挑戦が失敗に終わるケースのほうが多いでしょう。

努力にしがみつくと、あなたの中に成長マインドセットは生まれません。努力を必ず成功に結びつけてしまうような凝り固まった考え方も、硬直マインドセットの一種だからです。**その代わりに大切にすべきことは、努力が報われない事実を認めたうえで、先ほど触れた「戦略」にフォーカスすることです。**

正しいマインドセットを手に入れるためには、次の3つを守って戦略を立ててください。

■ポイント1：達成の可能性が高いゴールを設定する

高い目標をかかげるのは構いませんが、「難関校に合格」や「大企業との契約を勝ち取る」といったゴールばかり追っていては、いつまでたっても達成感が得られません。これでは成長の喜びが得られず、マインドセットも切り替わらないままです。

そこで、高すぎる目標はいったん忘れて、「問題集を1冊やり抜く」「1日10ページずつ参考書を読み進める」「プレゼンの資料を作る」などの達成率が高いゴールに設定し直しましょう。だいたい達成できる自信が70〜80％ぐらいの目標を選ぶのが最適です。

■ポイント2：ゴールまでのステップを明確にする

小さなゴールをつくったら、さらに達成までのステップを細切れにします。「問題集を1冊やり抜く」のが目標なら、「1日に最低10問を解く」「解けなかった問題は3日後に復習」「30分おきに10分の休憩を入れる」など、毎日のルーチンをできるだけ具体的に決めてください。

私たちの脳は、「次に何をやるんだっけ？」と行動に迷った瞬間から、急激にモチベーションがしぼんでいく性質があります。そのため、少しでも行動に迷いが生じないよう、あ

マインドセット戦略・３つのポイント

ポイント １ 達成の可能性が高いゴールを設定する

「問題集を１冊やり抜く」「プレゼンの資料を作る」などの達成率が高いゴールに設定し直す。達成できる自信が70〜80％ぐらいが最適。

ポイント ２ ゴールまでのステップを明確に

ゴールを設定したら、達成までのステップを細切れにする。「問題集を１冊やり抜く」のが目標なら、「１日に最低10問を解く」など毎日のルーチンを具体的に決める。

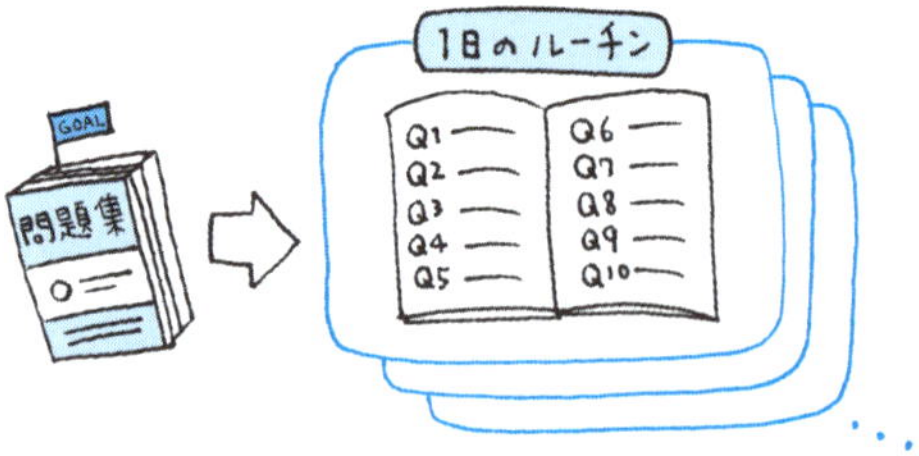

ポイント ３ 戦略をレビューする

ゴールに到達できなかったら、「戦略のどこに間違いが？」「ゴールの立て方を間違った？」とチェック。到達できたときは「戦略のどこが良かったのか？」を認識し、成功をしっかり味わう。

らかじめ具体的な対策を立てておくべきなのです。

■ポイント3：戦略をレビューする

最後のポイントは「戦略のレビュー」です。もしもゴールに到達できなかったら、「戦略のどこに間違いがあったか？」「ゴールの立て方を間違ったのではないか？」とチェックをします。逆に首尾よくゴールに到達できたときも、「戦略のどこが良かったのか？」を認識したうえで、自分の成功をしっかりと味わってください。

これらのポイントを守って戦略を立てると、自分がゴールに向かって進んでいる実感が得られ、頭の中に「小さな勝利」の体験が印象づきます。この積み重ねが「どうせダメだ」という硬直マインドセットをほぐし、成長マインドセットにつながっていくのです。

Point

「努力」にしがみつくのではなく「戦略」にフォーカスする。目標、ステップ、レビューに注力すればゴールは目の前だ。

成長マインドセット4

失敗を学習のチャンスだと考える

自分に優しい言葉をかけてみる

誰にとっても失敗とは嫌な体験ですが、その一方で何をするにもミスはつきものです。失敗から逃げてばかりでは成功の可能性も消え、頭の中はいつまでたっても硬直マインドセットのままです。成長マインドセットを身につけるためには、失敗とうまく付き合う必要があります。

そのコツは、自分のミスや不本意な結果を深刻にとらえすぎず、かといって完全に無視する訳でもない〝中庸〟の態度を養うこと。**あくまでも失敗をポジティブにとらえ、間違いを「新たな学習のチャンス」として扱うのです。**

この気持ちが育てば、またたく間に失敗は学習のプロセスに変わり、自らの過ちを利用

セルフコンパッションとは

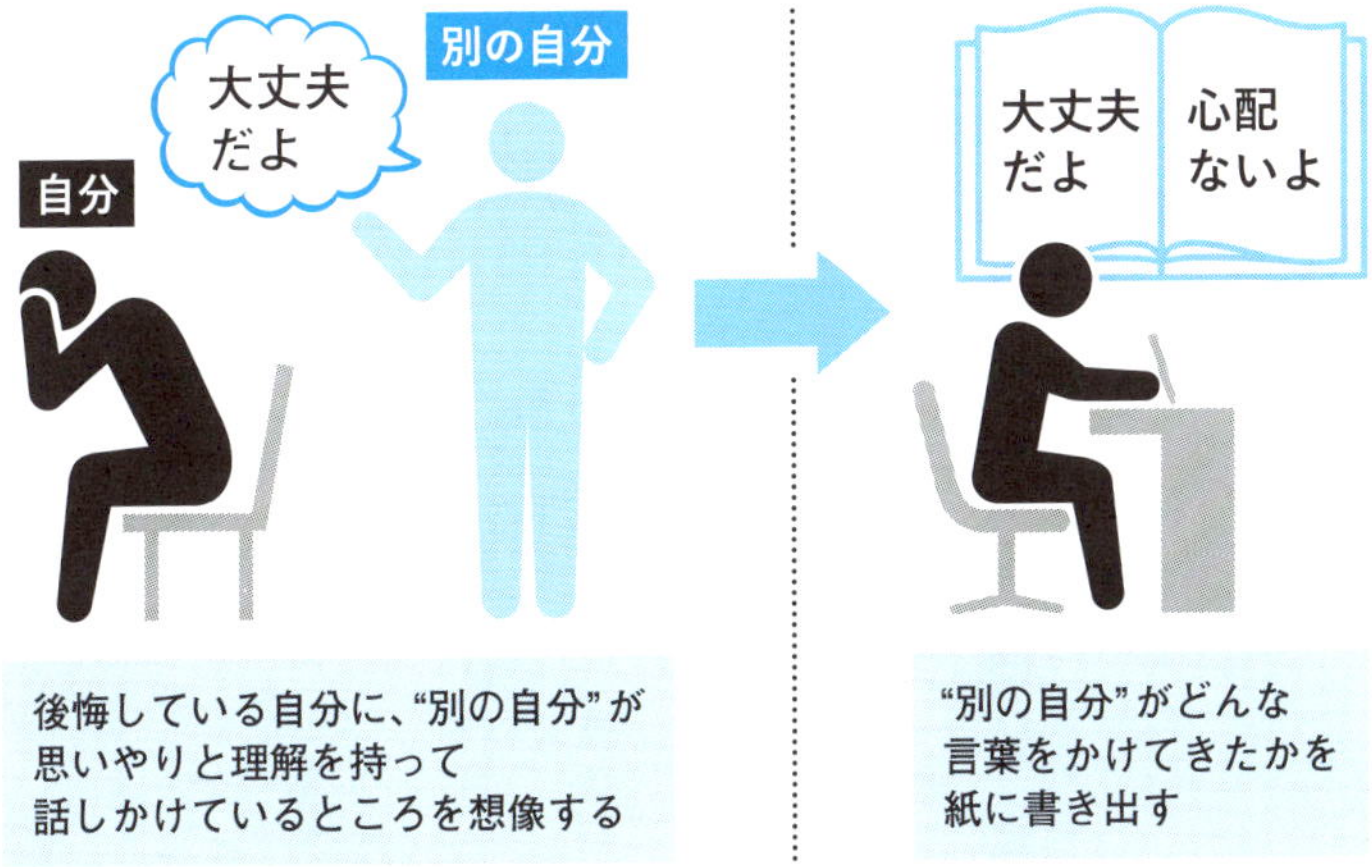
自分
大丈夫
だよ
別の自分
大丈夫
だよ
心配
ないよ
後悔している自分に、“別の自分”が
思いやりと理解を持って
話しかけているところを想像する
“別の自分”がどんな
言葉をかけてきたかを
紙に書き出す

できるようになります。

とはいえ、失敗への恐怖が根強い人は少なくないでしょう。そんなときでもあきらめないでください。失敗の恐怖を強引にポジティブに変える必要はなく、以下のような手順をふめば十分です。

1. 後悔している自分に対して、〝別の自分〟が思いやりと理解を持って話しかけているところを想像する

2. 〝別の自分〟がどんな言葉をかけてきたかを紙に書き出す

これは、心理学の世界で**「セルフコン**

パッション」と呼ばれる方法の1つです。直訳すれば「自己への思いやり」のことで、ポジティブ思考で強引に失敗をねじ伏せるよりも、成長マインドセットを高めやすいことがわかっています。

失敗した我が身を責めるのではなく、あくまで自分に優しい言葉をかけてみるのが最大のポイントです。

もし〝別の自分〟をうまく想像できないようなら、代わりに「最高の友達が同じような失敗をしていたら、どんな言葉をかけてあげるか？」と想像してみてもいいでしょう。日ごろから、自己批判の傾向が強い人ほど試す価値があります。

Point

失敗を「学習のチャンス」ととらえてみる。友達を励ますように、自分に優しく語りかけてみよう。

成長マインドセット5

マインドセットをモニタリングする

自分を客観的に見つめ、質問を投げかける

たいていの人は、状況しだいで2種類のマインドセットが頻繁に入れ替わります。

- スポーツの最中は自信満々だったが、勉強を始めたら「自分には才能がない……」としか思えなくなった
- 自分は有能だと考えていたが、よりできる新人が現れたら急に失敗が怖くなった

ある場面では成長マインドセットのほうが優位でも、ささいなきっかけで硬直マインドセットに切り替わる可能性はつねにあります。その原因はさまざまで、何かトラブルが起

きたからかもしれないし、知らないうちにコンフォートゾーン（楽な領域）から出てしまったからかもしれません。

いずれにせよ、誰もが「硬直」と「成長」の間を激しく揺れ動いており、つねに同じマインドセットを保つことはまず不可能です。

そこで真に重要なのは、状況を冷静に観察しつつ**「いま自分は、硬直と成長、どちらのマインドセットなのだろうか？」**と判断することです。

「急に落ち込んだけど、マインドセットが硬直していないか？」

「モチベーションが消えてしまったのはマインドセットが変わったからか？」

自分のメンタルの変化を感じたら、そのたびに意識してマインドセットをモニタリングしていきます。この作業を何度かくり返すうちに、やがて「勉強が進まないのはいま硬直マインドセットに切り替わったからだ！」のように、マインドセットの移り変わりを瞬時に見抜けるようになっていきます。

いったんモニタリングができたらしめたもの。すかさず、次のような質問を自分に投げかけてください。

「これから何を学びたい？」
「誰かに知識を伝えるとしたら、何を教えたい？」
「他人にどんな影響を与えたい？」

こんな小さな質問でも、人間の心は「成長モード」に入ります。脳が自動的に質問の答えを探し始め、少しずつながらも固まった心をほぐしていくからです。

後は成長マインドセット3で立てた戦略に従って、すべきことを淡々とこなすのみ。心が成長を求め続ける限り、あなたの人生における失敗は、すべてチャンスに変わっていくでしょう。

Point

マインドセットはつねに「硬直」「成長」の間を揺れ動く。現状を客観的に判断し「成長」の側にキープさせよう。

Peters, E. et al. (2015) Multiple numeric competencies: When a number is not just a number.
Charan Ranganath et al. (2014) States of Curiosity Modulate Hippocampus-Dependent Learning via the Dopaminergic Circuit

Maren Schmidt-Kassow et al. (2013) Physical Exercise during Encoding Improves Vocabulary Learning in Young Female Adults: A Neuroendocrinological Study

ÉliseLabonté-LeMoyne et al. (2015) The delayed effect of treadmill desk usage on recall and attention

Eelco V. van Dongen et al. (2016) Physical Exercise Performed Four Hours after Learning Improves Memory Retention and Increases Hippocampal Pattern Similarity during Retrieval

Steven B Most et al. (2017) Evidence for improved memory from 5 minutes of immediate, post-encoding exercise among women

Mark E. Benden et al. (2014) The Evaluation of the Impact of a Stand-Biased Desk on Energy Expenditure and Physical Activity for Elementary School Students

Dustin E. Sarver et al. (2015) Hyperactivity in Attention-Deficit/Hyperactivity Disorder (ADHD) : Impairing Deficit or Compensatory Behavior?

Benjamin L. Smarr et al. (2018) 3.4 million real-world learning management system logins reveal the majority of students experience social jet lag correlated with decreased performance

Kinga Igloi et al. (2015) A nap to recap or how reward regulates hippocampal-prefrontal memory networks during daytime sleep in humans

OLAF LAHL et al. (2008) An ultra short episode of sleep is sufficient to promote declarative memory performance

Margaret L. Schlichting et al. (2014) Memory reactivation during rest supports upcoming learning of related content

Stéphanie Mazza et al. (2016) Relearn Faster and Retain Longer Along With Practice, Sleep Makes Perfect

Vikranth R. et al. (2014) Action video game play facilitates the development of better perceptual templates

SidneyD'Mello et al. (2014) Confusion can be beneficial for learning

Ming Kuo et al. (2018) Do Lessons in Nature Boost Subsequent Classroom Engagement? Refueling Students in Flight

YONEZAKI Michi et al.(2016) A Study on the Effectiveness of Oral Reading Activities to Improve Speaking Ability

Barbara Oakley (2014) A Mind For Numbers: How to Excel at Math and Science (Even If You Flunked Algebra)

Benedict Carey (2015) How We Learn: Throw out the rule book and unlock your brain's potential

パレオな男　https://yuchrszk.blogspot.com/

【参照文献】

Daniel T. Willingham et al. (2013) Improving Students' Learning With Effective Learning Techniques: Promising Directions From Cognitive and Educational Psychology

Nnadozie Okoroafor,et al. (2014) Active learning increases student performance in science, engineering, and mathematics

C.H. Arnaud (2014) Active learning beats lectures: Meta-analysis of 225 studies shows that active learning is consistently better across disciplines and class size

John C. Nesbit et al. (2006) Learning With Concept and Knowledge Maps: A Meta-Analysis

Alden L. Gross et al. (2012) Memory training interventions for older adults: A meta-analysis

Angela C. Jones et al. (2015) Beyond the Rainbow: Retrieval Practice Leads to Better Spelling than Rainbow Writing

Piotr Wozniak (1990) Optimization of learning

Rohrer, Doug Dedrick, Robert F. et al. (2015) Interleaved practice improves mathematics learning.

Mayer Richard E. (2009) Multimedia Learning 2nd (second) Edition

Peter A Cohen et al.(1982) Educational Outcomes of Tutoring: A Meta-analysis of Findings

Aloysius Wei Lun Koh et al. (2018) The learning benefits of teaching: A retrieval practice hypothesis

Patricia Chen et al. (2017) Strategic Resource Use for Learning: A Self-Administered Intervention That Guides Self-Reflection on Effective Resource Use Enhances Academic Performance

John F. Nestojko et al. (2014) Expecting to teach enhances learning and organization of knowledge in free recall of text passages

Daniel M. Oppenheimer et al. (2014) The Pen Is Mightier Than the Keyboard: Advantages of Longhand Over Laptop Note Taking

David W. Concepción (2004) Reading Philosophy with Background Knowledge and Metacognition

Hayes, David (2014) The Psychology Underlying the Power of Rubber Duck Debugging

Catherine D et al. (2017) Selectively Distracted: Divided Attention and Memory for Important Information

Julia Zavala et al. (2017) Solitary Discourse Is a Productive Activity

Alexander JamesKirkham et al. (2012) The impact of verbal instructions on goal-directed behaviour

Noah D. Forrin et al. (2017) This time it's personal: the memory benefit of hearing oneself

Katharina von Kriegstein et al. (2015) Visual and Motor Cortices Differentially Support the Translation of Foreign Language Words

Sumsan Hammack (2014) Multiple Exposures + Variety of Ways = In-Depth Learning

David Yeager et al. (2018) Where and For Whom Can a Brief, Scalable Mindset Intervention Improve Adolescents' Educational Trajectories?

メンタリストDaiGo（めんたりすと・だいご）

慶應義塾大学理工学部物理情報工学科卒業。人の心をつくることに興味を持ち、人工知能記憶材料系マテリアルサイエンスを研究。英国発祥のメンタリズムを日本のメディアに初めて紹介し、日本唯一のメンタリストとして数百のTV番組に出演。その後、活動をビジネスおよびアカデミックな方向へと転換し、企業のビジネスアドバイザーやプロダクト開発、作家、大学教授として活動中。日々インプットした膨大な情報・スキルを独自の勉強法で体得し、驚異的な成果をあげ続けている。

著書は累計300万部、『人生を思い通りに操る 片づけの心理法則』（学研）ほかヒット作多数。

- メンタリストDaiGo　オフィシャルウェブサイト
  http://daigo.jp/
- ニコニコチャンネル／メンタリストDaiGoの「心理分析してみた！」
  https://ch.nicovideo.jp/mentalist

最短の時間で最大の成果を手に入れる
超効率勉強法

2019年3月19日　第1刷発行
2019年6月27日　第6刷発行

著　者――――メンタリストDaiGo
発行人――――鈴木昌子
編集人――――滝口勝弘
編集長――――倉上　実
発行所――――株式会社 学研プラス
〒141-8415　東京都品川区西五反田2-11-8
印刷所――――中央精版印刷株式会社

〈この本に関する各種お問い合わせ先〉
●本の内容については　Tel03-6431-1473（編集部直通）
●在庫については　Tel03-6431-1201（販売部直通）
●不良品（落丁、乱丁）については　Tel0570-000577
学研業務センター　〒354-0045 埼玉県入間郡三芳町上富279-1
●上記以外のお問い合わせは
Tel03-6431-1002（学研お客様センター）